打开梦想的心灵之窗

洪生　编著

武汉大学出版社

图书在版编目(CIP)数据

打开梦想的心灵之窗/洪生编著.—武汉:武汉大学出版社,2015.5

寻找最美乡村教师

ISBN 978-7-307-13323-5

Ⅰ.打… Ⅱ.洪… Ⅲ.农村学校—中小学—优秀教师—生平事迹—中国—现代 Ⅳ.K825.46

中国版本图书馆 CIP 数据核字(2015)第 007058 号

责任编辑:张 璇 责任校对:汪欣怡 版式设计:韩闻锦

出版发行:**武汉大学出版社** (430072 武昌 珞珈山)

(电子邮件:cbs22@whu.edu.cn 网址:www.wdp.com.cn)

印刷:湖北钟祥知音印务有限公司

开本:850×1168 1/32 印张:4.375 字数:68 千字

版次:2015 年 5 月第 1 版 2015 年 5 月第 1 次印刷

ISBN 978-7-307-13323-5 定价:25.00 元

目　录

把每个瞬间变成永恒，大山深处怒放最美的花朵

——记河北承德市三家乡孤山村孤山小学校长于贵勤

小时候，母亲含着眼泪告诉她：“闺女，老百姓太不容易了，有朝一日你若当官，一定要为老百姓多办点好事、实事！”数年之后，她真的当“官”了，她成了大山深处一所乡村小学的校长。在别人眼里，这不算啥“官”，甚至是避之唯恐不及的苦差使。但是，她却把这当成了自己与生俱来的使命，为了山里的孩

子，她付出了青春年华和所有的喜怒哀乐，她把自己当成了一块煤，在莽莽苍苍的密林深处，怒放出红彤彤的光和热。她就像一朵奇葩怒放在大山深处，每一个瞬间都是永恒……

幸福与苦难的开始：我当上校长了

1990年8月，河北承德县三家乡的公路上，一个三十多岁的女人匆匆行走着。汗水从她白皙的脸颊淌了下来，她身上一件碎花小方领衬衫被打得透湿，但她只是抬起衣袖，胡乱抹了几把汗，便继续低头赶路。渐渐地，一排破旧的平房出现在她眼前，她一个字一个字辨认着：孤、山、小、学。“到了，到了！”她情不自禁地叫了起来，可是只望了一眼这所学校，一丝忧郁便浮上她秀丽的眉间……

她便是于贵勤。23年前，已经是承德县一所重点小学优秀教师的她，突然接到上级通知，安排她去三家乡孤山村唯一的村小孤山小学担任校长。

孤山村位于承德县最北的边缘，也是整个河北省的边缘地带，只要翻过一座山，山的那边便是内蒙古自治区管辖下的宁城县。三家乡由数座连绵起伏的大山组成，山势雄奇，站在任何一个山顶都无法望见其尽头，而孤山村则是其中最偏远、最孤独的一座，“孤山村”的名字也由此而来。由于地理位置的原因，这里的天空终年湛蓝，飘着洁白如棉的云朵，给人一种置身仙境之感。作为风景区，这里无疑是首选之地，但若常年厮守在此，则要忍受超乎寻常的荒凉与孤独。初到孤山村的于贵勤担心的，正是这个。

于贵勤出生于1956年，父母共生育了六个子女，她排行第三，也是最受疼爱的一个。于贵勤的三个舅舅注重文化，因为她从小文静、内秀，而且读书特别用心，在几个兄弟姐妹中，舅舅们最看好她。初中毕业后，她以优异的成绩考上了高中。

于贵勤倍加珍惜这来之不易的学习机会。尽管学校离家有近30公里，她还是义无反顾地踏上了求学的道路。可她高中毕业时，正值“文革”时期，高考尚未恢复，要想上大学，必须通过组织推荐。1974年，高中毕业的于贵勤回到了家中。由于她是村里的才女，先后当上了村里的妇女主任、会计、团支部书记，然后又在极短的时间内走到了党支部书记的位置。尽管已是村里的一把手，于贵勤还是向组织提出了申请，说要上大学。公社书记知道这个女孩子有理想有抱负，就对她说，“你等着吧，只要咱们公社有了指标，我第一个让你去！”

可两年后的1976年，“工农兵大学生”的指标来了，于贵勤却与大学失之交臂。

这年7月28日，河北唐山发生了震惊世界的地震，公社秘书亲自点了于贵勤的名，让她担任连长，带着160个人，到唐山参加抗震救灾。在唐山，于贵勤没日没夜地干，啥也不想，就是盼着唐山的父老乡亲们从灾难中挺过来。这一去，居然在唐山待了半年。家里给她打电话，说指标来了，让她赶紧回家准备上大学。可是在当时的环境下，于贵勤却舍不得离开唐山：“我走了，他们咋办？上大学的事儿，明年再说吧！”

于贵勤怎么也没想到，这么一耽搁，竟永远失去了上大学的机会。

1978年，21岁的于贵勤找到了自己人生的另一半。丈夫名叫张利民，北大山林场的工人。虽然没能实现自己的大学梦，但于贵勤仍然希望自己能从事一件与文化有关的工作，辗转多次，她最终当上了一名人民教师。有了稳定的家庭作后盾，有了可心的工作，于贵勤工作更加积极了，她一直担任班主任，所带的班级屡次在各种竞赛中取得好成绩，而她本人也多次被学校和上级教育部门评为“先进工作者”、“教书育人模范”。丈夫有一次开玩笑对她说：“贵勤啊，你咋那么爱孩子呢？一看到孩子，你就两眼放光，看来这份工作是老天给你的恩赐！”于贵勤笑得眯起了眼：“也不知咋的，我一看到孩子们稚嫩的面孔，心里就涌起一股劲，想把自己拥有的知识全教给他们，让他们个个都有理想和抱负，今后都能有出息、成大器！”

抱着这样的想法，她一晃在学校度过了十四年，从她手中被送进中学的孩子不计其数，有的孩子直到考上大学、结婚生子都记得小学时代这位亲切朴实的于老师。每当寒暑假，于贵勤的家里总是挤满了人，大大小小的孩子从四面八方聚拢来，“于老师的学生”这一身份使他们之间多了一份亲切感，欢声笑语绵延不绝……同事们都笑称：于贵勤是“年轻的老资格”，才三十出头的年纪，已经是桃李满天下了。对这个评价，于贵勤欣然接受，如果有可能，她希望能在这个学校干一辈子，直到退休。然而，她压根也没有想到，她的人生在1990年的6月发生了逆转。

那时，于贵勤带着六年级毕业班，正在紧张地准备孩子们的毕业考试。有一天，她抱着满满一摞学生作业正急匆匆回到办公室，校长突然走进来对她说：“小于，你到我办公室来一下。”于贵勤不以为意，作为本校的优秀教师，校长经常给她“压担子”，她也乐于接受，只要能把工作干得更好，她不介意辛苦和劳累。然而这一天，当她走进校长办公室时，却感到气氛非比寻常。校长和副校长、教导主任等人都坐在一起，热烈地讨论着什么，她出现时，他们全都不说话了，用充满希望的目光看着她，让于贵勤有点摸不着头脑。

她坐下后，校长郑重地告诉她：在承德县的三家乡有一所村办小学，急需一位负责任、有能力的校长，上级领导经过研究，决定从重点小学抽调年轻的优秀教师去承担这个重任，她已经进入了备选人员的名单。校长说完这些话后，用探询的眼光看着她：“小于，从工作能力上，我们认为你完全能胜任这项工作，可是你有家庭，还有孩子，三家乡离咱们这儿可不近，所以我们想听听你的意见。”乍一听这个任务，于贵勤胸中的热血仿佛被点燃了，她爱孩子，与在重点小学当教师相比，去穷困的山乡启迪和教育那里的孩子们显然更有价值，意义更大。然而她是一名人民教师的同时，也是一个男人的妻子，两个孩子的母亲，此时接下“军令状”，对她的小家意味着什么？她不敢想象。

思虑再三后，一向快人快语的于贵勤破天荒地没有马上答应下来，而是请求让她考虑一下，回家同丈夫商量了再说。这个要求再合理不过，校长立即答应了，不过仍然叮嘱她尽快作决定，如果她有困难，上级领导就要另行寻找其他合适的人选。校长诚恳地说："小于，说实话，在我的心目中没有比你更合适的人选。虽然我也舍不得放你这个优秀的教师走，更不愿意影响你的家庭，但我们都是教育工作者，教书育人是我们的天职，我希望你能作出正确的决定！"

离开校长办公室，于贵勤的脚步越来越沉重。她不知道该怎么跟丈夫说这件事，也不知道该如何面对正处于小学升初中关键时刻的儿子。作为一个34岁的女人，该拥有的东西她全都拥有了：稳定的家庭，疼爱自己的丈夫，聪明伶俐的孩子……她也不敢想象，一个完整平静的小家，突然失去了女主人意味着什么？丈夫的生活没人照顾，夫妻俩彼此有了心事无人倾诉，孩子失去了妈妈，学习、生活没了主心骨，他们的前途会不会因此而受影响？

然而，不管于贵勤心中翻腾着怎样的波涛，晚上丈夫回家后，她仍然一五一十地把面临的困境告诉了他。如她所料，丈夫听说这件事后，张大嘴半天回不过神来。结婚十多年来，俩人相濡以沫，从没分开过一天，如今妻子竟要去一个听都没听说过的穷乡僻壤工作，让他一时无法接受。他愣怔了很久才说："贵勤，咱能不能不去？"于贵勤的眼泪一下子涌了出来："我也这样想过，可一想到有一群求知若渴的孩子享受不到受教育的权利，我这心里就……"她流着泪，给丈夫讲起自己学生时代的一件往事：

那时她只有十七岁，还在学校读书，每周回一次家，周日的下午就从家里带足一周的干粮。一个周日的下午，母亲在磨坊里费力地压着玉米面，一圈又一圈，碾子上金黄的玉米面便是她下一周的干粮。母亲碾完后，小心翼翼地用笤帚把玉米面扫进簸箕，生怕洒下一点一滴。粮不多，一周的时间得精打细算才能勉强够吃，她把粮食端给女儿："贵勤，小心着，千万别洒了。在学校得省着吃啊，这点儿粮不够浪费的。"于贵勤满口答应，愉快地从母亲手里接过簸箕，心已经飞到了学校。就在她低头走路时，不小心绊到门槛上，金黄的玉米面洒了一地。"糟了！"于贵勤失声叫了起来，怯怯地看着母亲，不敢与她痛心的眼光直视。

这些玉米面并不是她家的粮食，她家早已没粮了，为了供她上学，母亲几乎每周都去亲戚朋友家借粮。她满脸堆笑，有时怀里还揣着家里母鸡刚下的两颗蛋，可有的亲戚远远见她走来，就砰的一声关上大门……为了借足供她读书的干粮，母亲尝尽了世态炎凉。可她，竟把母亲辛苦借来的粮食生生给糟蹋了！于贵勤坐在地上哭了起来。可让她意外的是，母亲并没有责骂她，而是蹲在地上，用瘦骨嶙峋的手小心地一点一点捧起洒下的粮食，缓缓地放到簸箕里。于贵勤含泪抬起头，却惊讶地发现母亲也哭了！母亲流着眼泪说："闺女，老百姓太不容易了，有朝一日你若当官，一定要为老百姓多办点好事、实事！"于贵勤望着母亲，流着泪使劲点了点头……

从那以后，母亲的话就像烙印一样深深地刻在她心底。虽然她后来只是当了一名普通的人民教师，但母亲仍然为她的职业感到欣慰和自豪，她曾多次握着女儿的手说："贵勤，你现在干的这个工作好！教孩子们学文化，让他们有出息，成为对社会有用的人，妈替你高兴！"母亲的支持也是让于贵勤努力工作的重要动力。如今面临人生的重大选择，她不由自主又想起了母亲的嘱托。如果说当普通教师只是对她教过的一部分孩子产生人生的重要影响，那么当她成为一校之长，无疑将会对那个地区、那个时期的教育产生巨大的影响，这不正是母亲期望她做的事情吗？

听妻子说完这段话，丈夫良久没有言语，时间长得让于贵勤担心。但最终，他抬起头对妻子说："贵勤，我知道你心中有抱负、有理想，与你的理想比起来，我们的小家算不了什么。你放心地去工作吧，家里有我呢！”丈夫的理解和支持，让于贵勤感动万分，她紧紧握住他的手，泪光莹莹地说：“谢谢你……”

就这样，于贵勤勇敢地接下了这份“军令状”，带着几分豪情、几分希望、几分顾虑和几分忐忑，来到了三家乡孤山小学。

“我是校长，我有责任！”

虽然事前对孤山小学条件的简陋条件有所了解，也做好了充分的心理准备，然而真正来到学校，眼前的情景还是让于贵勤的心如同掉进了冰窟窿。

所谓“学校”，不过是12间破旧不堪的平房，没有院墙，没有窗户。教室里，只有几张破烂的桌子，仅有的几张凳子不是缺条腿，就是快散架，根本就没办法坐人。唯一的教学设备，只是一只价值五块钱的手摇铃。而她的“新家”，则是一个约18平米，已经很多年没人住过的小黑屋。锅台上长着蘑菇，屋里还有一张窄窄的土炕。墙角处，有几个大大小小的耗子洞，老鼠们吱吱叫着，肆无忌惮地在她脚下窜来窜去，眼神中仿佛都充满挑衅。

看到这一切，于贵勤哭了。那一刻，她就像一个被抛弃在荒郊野外的孩子，深深体会到了什么叫无助。以前工作的学校，有明亮的教室，整洁的桌椅板凳，黑板、讲台和课桌椅都有专人维护。如果说从前的生活是天堂，那么说现在掉进地狱也不为过。作为一名教师，她在这个简陋到近乎原始的地方看不到事业的希望。而作为一个女人，她也看不到生活的希望。她极爱干净，她的小家被收拾得整洁温馨，有宽大的晒台晾晒衣物，还种满了花花草草，她的卧室里摆着她喜欢的各种小摆设，还有精致的梳妆台……可在这个耗子洞一样的“家”里，她什么也没有，想到与老鼠为伴的生活，她就不寒而栗。

有那么一瞬间，她有了退缩的念头。她的脚不由自主地迈出门槛，还没有被打开的行李，被她紧紧拎在手上，她决定走，趁最后一班客车还没有收班。但就在这时，一个稚嫩的童音敲响了她的耳膜：“你是我们的老师吗?”她回头，看到一个约摸七八岁的小女孩，她的脸上脏得看不出原来的肤色，身上也穿着一件同样看不出颜色的褂子，赤脚站在地上，只有那双忽闪忽闪的大眼睛，充满希望地看着她。“嗯……是。”于贵勤很想摇头说自己不是，但不知为什么，她最终还是承认了。“太好了！有人管我们了！我们有书读了！”小女孩拍手又笑又叫。不知从哪里突然一下跑出一大群孩子，他们把于贵勤团团围住：“老师好！老师好！”“老师你长得真好看！”“老师，我给你打水喝吧！”这些孩子从六七岁到十一二岁，大部分都同刚才那个小女孩一样蓬头垢面，身上穿的与其说是衣服，倒不如说是破布，好几个孩子屁股都露在外面。但是，褴褛的衣衫掩盖不了他们的热情与兴奋，于贵勤看出，对于她的到来，孩子们是盼望已久的。

不知为什么，她本来已经跨出门槛的脚，条件反射似的缩了回来。虽然与城里的孩子在外貌和穿着打扮上有很大区别，但于贵勤却从他们身上看到了同样宝贵的求知欲。就如同园丁看到了种子，淘金者发现了矿藏，职业的驱使让于贵勤刹那间产生了留下来的冲动。她想留下来，小心呵护那一丝渴望知识的光芒，也想循着童心，找到属于他们的宝贵矿藏。她把最近的两个孩子抱在怀里，笑着说：“以后就叫我于老师，好吗？”“好！”所有的孩子一齐呼应，于贵勤知道，她的事业从此开始。

那一夜，她辗转反侧，难以成眠。虫声在窗外唧唧哝哝，她大睁着双眼，考虑着学校千头万绪的工作该如何开始。当黎明到来的时候，她的心也渐渐亮堂：没有条件，就创造条件；没有希望，就自己给自己希望。就像这黎明，需要冲破黑暗，才能迎来光明……“要走，也要干好了再走，不能就这样认输了。”于贵勤在心里暗暗发誓。

随着于贵勤的到来，孤山小学很快开学了。学校有十几名教职工，一百多名学生。于贵勤先领着大伙一起，把破烂的桌椅板凳能修的修，能换的换，足足忙活了两天，孩子们终于能坐着上课了。

为了让自己能安心扎根在这所学校，又让家庭能得到兼顾，于贵勤狠下心，把全家人都迁到了孤山村。儿子和女儿都安排在孤山小学读书，丈夫依旧在当地林场工作。一家人全部挤住在那间18平米的小黑屋里，由于于贵勤的精心操持，日子很快恢复了往日的温馨。可是，新的问题很快又产生了。

因为学校没有院墙，孩子们下课时只能在教室前的地坪上玩耍。九十月份，天气还没有冷下来，附近山上的蛇还没有冬眠，经常爬下来盘踞在操场上。虽说山里的孩子见惯了蛇，并不会大惊小怪，但从城里来的于贵勤却被它们吓得三魂出窍。

有一天晚上，于贵勤正在备课，一条一米多长的蛇悄无声息地爬了进来。于贵勤猛然间看到这条蛇，吓得脸都白了。而蛇听到人的脚步声，就猛然昂起头，嘴里吐出鲜红的信子，冲于贵勤咝咝地发出威胁的声音。于贵勤感到自己的大脑一瞬间空白了，六岁的女儿正在写作业，发现蛇后吓得哇哇大叫，蛇转而又把头对准了她！为了不让女儿受伤害，于贵勤只好强作镇定地对女儿说："闺女你别乱动，你给我看住它，我去找人。"说完她赶紧转身出门，找到学校一名男老师。那位老师看到屋里与蛇对峙的小女孩，便悄悄地从后方靠近蛇，用一把铁锹猛击蛇的七寸。蛇被打死了，于贵勤却一屁股瘫坐在地上，半天站不起来。过了好久，她才想起感谢那位帮她打死蛇的男老师，那位老师摇摇头说："没办法，这里经常有蛇，像这种蛇还有剧毒，我们打蛇的本事也是被逼出来的。"

经历了"毒蛇事件"后，于贵勤还发现，由于校舍环境差，除了蛇之外，经常还会有壁虎、蜘蛛、蚂蚁、老鼠出现在教室里，各种昆虫更是难以计数。有时老师在上面讲课，下面有孩子突然不安地扭动起来，一问才知道是让虫子给蜇了。"让孩子们不受动物的侵扰，安静地上课。"这对城里学校的孩子来说，根本就不是问题，然而对这些山村里的孩子来说，竟是一个奢侈的愿望。

为了驱赶这些动物，于贵勤买来杀虫剂在教室里喷洒，还在教室周围种植了气味浓烈的植物，这样一来，蛇蝎之类少了很多，连苍蝇蚊子也明显变少了。但于贵勤明白，这些仅仅是权宜之计。随着冬天的到来，没有窗户的教室四面透风，孩子们的小手很快冻得紫红紫红的，他们穿着单薄的衣衫，大多数孩子还是赤脚，条件稍好的趿着一双旧拖鞋。说起来，这是一所学校，可是没有教学楼、没有宿舍楼，没有实验室也没有图书室，甚至连操场、篮球架、旗杆都没有！于贵勤上任之前，查看过历年来县里所有小学毕业班的升学率，孤山小学一直排在末尾。所以，要提高教学质量和效率，还需要从根本上改善办学条件。

可是，孤山村是出了名的贫困村，孤山小学也是在县教育局挂了号的贫困学校，想改善办学条件谈何容易，头一条就是“没钱”。于贵勤想了几天几夜，终于想到了一个词：化缘。

那一年的腊月，她准备到承德市寻求帮助。在这个距离县城120多公里的偏僻山村，每天只有一趟班车通往市区，乘车的地点还在8里之外。清晨4点钟，于贵勤便起床往村外走。黑漆漆的村子，只有幽幽的路边的树影。寒风吹着树枝哗哗作响。于贵勤顶着内心的恐惧，一路小跑。

前日下的一层小雪，使得路面无比湿滑，等到于贵勤跌跌撞撞地跑到地方，棉袄全都湿透了，可是班车却已经开走了，地面上只剩下两道车辙印……她站在寒风中瑟瑟发抖，泪水顺着脸颊流下来，冰凉冰凉。

“我为什么要到这个地方受这个罪？孩子们冷了暖了跟我有啥关系……”在极度的寒冷中，于贵勤感到自己连大脑也被冰冻了。在恍惚的意识间，她开始后悔自己的行为。天大亮后，有赶集的村民看见蹲在路边的这个女人，手和嘴唇都冻得发紫，眼角的泪水也凝成了冰花，好心的人赶紧把玉米秸点着了给她烤火取暖。

僵硬的身体慢慢暖和过来了，于贵勤的思维也开始慢慢苏醒。回想起在生死线上挣扎那一瞬间的疑问，她给自己找到了答案：“我是他们的校长，我有责任管他们！”

心安定了，一切便顺理成章。

著名劳模与“乞丐校长”

打定了“化缘”的主意后，于贵勤不论走到哪里，心里都想着这件事。1995 年，她作为最年轻的代表参加河北省劳模大会。在这个聚集了各路人才的会上，她敏锐地感到，这是个“化缘”的良机。于是，在大会之后的学习讨论会上，她动情地向各位代表讲述了自己从重点小学来到孤山小学的过程，讲了自己对学校和孩子们的感情，说到激动处，许多代表都流下了感动的泪水，于贵勤诚恳地说出了学校的困难，并提出希望大家能伸出援手，帮帮学校，帮帮孩子们。代表们的热情被激发了，这个捐 3000 元，那个捐 5000 元，你捐一车水泥，我捐几吨钢材……这些钱和物资可算是孤山小学的“救命稻草”，于贵勤一次又一次地真诚道谢，泪水也让她的眼眶湿了又干，干了又湿……

这一次“化缘”，使学校有了一堵院墙，总算拦住了那些“凑热闹”的野生动物，校园里再也没出现过蛇。

为了把学校建设好，于贵勤把这里当成了自己的家，精打细算地花着每一分钱。有一年“六一”儿童节，学校按照惯例放假一天。但这次，于贵勤想给孩子们过个有意义的节日，办一场“校园文化艺术节”。乡领导得知情况后，给于贵勤送来了 50 元钱，让她把这个节日办好。于贵勤接过钱就有了新打算，她要用这 50 元钱到县城给学校买一根钢管当旗杆。

几天后，正好要到县城开会，她揣着 50 元钱去了。可当时她也不知道哪里卖钢管，就在路上打听。听说她要买钢管，路人以为她是做钢材生意的，便对她说承钢（指承德钢铁集团）是生产钢材的地方，让她去那买。于贵勤便记在了心里，中午开完会休息时间，她一个人走了出来，一边走一边向路人打听承德钢铁厂在什么地方，人家用手一指说："喏，前面就是！"于贵勤大喜过望，走了两个多小时，终于走到了承德钢铁厂。可是一打听，才知道人家卖钢材都是几十吨、几百吨地卖，根本不零售！于贵勤沮丧极了，她拖着疲惫的步子打算回县城，一迈脚才发现，自己的一双旧布鞋竟然走烂了。钢管没买到，还赔上一双鞋，于贵勤感到自己特别失败。她垂头丧气地往回走，大热天焦渴难耐，见路边有卖茶水的，可她攥着50元钱，硬是没舍得买杯水喝。

又走了两个多小时，她回到了会议驻地。有一位代表问她中午干吗去了，她把自己的经历讲述了一遍，没想到那位代表一听就笑了："买根钢管用得着去承钢吗？我给你写张条子，你到我们建筑工地去取一根吧！"拿着条子，于贵勤一出门就哈哈大笑，那个乐啊，真比三伏天吃冰棍还要爽快。虽然累得腰酸背痛，还赔上一双鞋，可毕竟省下了50元钱啊，她一高兴，这才想起为了去承钢买钢管，她竟连中午饭都没有吃。看到路边有卖红薯的，她十分"豪迈”地买下了两只大红薯！

随着五星红旗高高飘扬在学校上空，于贵勤心中油然升起一股自豪感和责任感，为了孩子们，她决心舍下自己一张脸，将“化缘”之路坚定地走下去。于是，利用每次开会、与同行交流学习的机会，她屡屡开口，请求帮助。甚至连去亲戚家作客，她若是看到人家一块废弃的木板，也会条件反射地说：“这块板要是没用，我拿去学校当小黑板吧！”人们都笑于贵勤“财迷心窍”，说她哪像个校长的样子，分明是个“破烂王”，有人还送了她一个“乞丐校长”的称号。每次开会，远远地看到于贵勤走过来，她的熟人们总会跟她开玩笑：“贵勤，快说，这次你们学校又缺点啥？”或者说“哎哟，你今天又看上我啥了，赶紧开口吧，晚了可就没了啊”！对朋友们善意的调侃，于贵勤不以为意。她总是甩甩利落的短发，笑眯眯地说：“我们学校啥都缺，你们要是有啥就支持点儿吧，我替孩子们谢谢你！”

但是，“化缘”之路也并非一帆风顺，毕竟是伸手向人要东西，于贵勤也遇到不少尴尬和难堪。有一次，她出席妇联的一个先进代表大会，在会议即将结束时，她照例向代表们宣讲孤山小学的情况，并请求帮助。大部分代表都热烈响应，纷纷表示支持，但这时她听到一位女代表不屑地说："现在骗子太多，谁知道要来的东西都到哪去了！"于贵勤愣了，她每次"要"来的东西全部用在学校建设上面，从来没人质疑过这些物资的用途，而她自己更是没往这上面想。但那位女代表的话一出口，几十双眼睛顿时齐刷刷地盯着她，让她感到从未有过的难受。她的脸涨得通红，过了很久才慢慢一字一顿地说："我是一名党员，我用党性保证，大家支持我们学校的一分一厘都用在学生身上。大家如果不信，欢迎去我们学校监督检查。"看到她难过的样子，代表们纷纷劝她别多心，他们相信她。

然而，经历了那次事件后，于贵勤这才恍然醒悟到，学校建设光有热情不行，得有相关的制度和措施使公众的捐助公开化和透明化。她专门安排了一位老师管理捐赠物资，并为这些资金和物质的使用建立了专门的账本，每一分钱用在什么地方，都写得清清楚楚。光这还不够，她还将这些内容一式两份，学校留一份，捐赠的单位和个人手里也拿一份。这样一来，说闲话的人没有了，自己心里也亮堂。于贵勤说："我得感谢那位质疑我的代表，要不是她的督促，我们学校的管理水平也不会提高。"

为了"讨"到学校和孩子们需要的物资，她经历了数不清的风风雨雨，独自咽下了不知多少委屈，可在她坚持不懈的努力下，学校有了院墙，学生们有了课本、课外读物，有了旧衣物和桌椅板凳，虽然要来的大多是半新不旧的物品，整个学校看起来像个杂货铺，可孩子们满足了基本的学习和生活需要，于贵勤一直揪着的心才慢慢舒展了些。

但是，她奔波的脚步并没有仅止于此，她心中还有一个更大的梦想：她要为孩子们“讨”到一座教学楼、一座宿舍楼、一所实验室和一所阅览室。为了实现这个梦想，她不顾劳累，跑遍了市、县、乡数十个部门、单位和企业，她纯朴真挚的感情，以及对山里孩子那份沉甸甸的责任，使被求助者为之动容。人们说：“不帮帮于校长，良心上不安呀！”工会、妇联、财政、教育等部门的领导都纷纷伸出援手，支持这位为山区教育事业倾注全部心血的校长。

很快，孤山小学盖教学楼的财政预算由县财政批了下来。听到这个消息，于贵勤兴奋极了，她爬到学校所在的山顶，朝着承德县城方向，含着热泪大声呼喊：“中国共产党万岁！中国共产党万岁！”她的喊声在山峰间久久回荡，雪白的云雾仿佛也知晓她的心意，围绕在她身旁，久久不愿离去。

在财政的支持和村民们热切的盼望下，一栋占地面积一千多平方米的教学楼在孤山小学原址上破土动工。于贵勤天天守着工地，亲眼看着这座梦想中的教学楼一块砖一块瓦地渐渐长高，她的眼中充满柔情，就像看着自己正在成长的孩子。

几个月后，新的教学楼竣工了。在搬进新教室上课之前，于贵勤让孩子们在操场上向五星红旗行队礼，她激动地说："同学们，你们要记住，你们能有今天，不能忘了那些曾经帮助过我们的叔叔、阿姨、爷爷、奶奶们，更不能忘了我们伟大的党！"所有的孩子齐刷刷将右手举过头顶，那一刻，树在歌唱，水在欢笑，鸟儿也快乐地鸣唱……

梦想：让山里娃接受一流教育

如果有人认为于贵勤只会像燕子衔泥一样，专注于学校物质条件的改善，那就大错而特错了。从当上校长的第一天起，于贵勤就意识到学习成绩对这些山里孩子的重要性。由于乡村教育质量普遍不高，乡村小学的初中升学率很低，而孤山村作为一个教育水平落后的学校，数年来升学率一直没有超过30%，戴着全县倒数第一的帽子。对农村的孩子来说，想走出大山，改变命运，考大学可能是唯一的出路。然而在这条读书的道路上，小学时的学习习惯和学习成绩可谓他们人生的第一课，这一课上得好与坏，直接关系着他们今后的人生道路。对这一点，于贵勤比谁都清楚。

可是，她在开学第一天就发现了现实的残酷。当时孤山小学还实行五年制教学，于贵勤一上手就带了五年级的语文，经过测验，她发现这些五年级的孩子水平仅仅相当于小学三年级。他们分不清“棉花”的“棉”和“锦绣”的“锦”，写字经常错漏、书写笔画也不规范。可就是这样一个班，在一年后便要参加小升初的考试，如果升学率不过关，孤山小学将再次被戴上“倒数第一”的帽子。有人劝于贵勤不必太过认真，本来孩子们底子薄弱，就是考差点也说得过去，她作为一个新来的校长，不丢人。可于贵勤不信这个邪，她说：“这不是我个人的荣辱问题，而是关系到孩子们未来的人生道路，能把他们往上抬一步，我绝不会松手！”

为了践行自己的承诺，于贵勤付出了常人难以想象的辛劳。她发现孩子们基础知识薄弱，课外知识几乎为零，便自己编写了多套教材和试卷，帮他们一遍遍夯实基础知识。为了帮学生开阔眼界，多了解一些课外知识，她再次利用自己的好人缘，募捐到千余册图书，把一间空教室开辟成图书室。孩子们很喜欢看童话书和科普知识的书籍，他们贪婪地吸吮着知识的营养，幼小的心灵也因此打开了一扇又一扇窗。

渐渐地，在于贵勤的精心教育下，孩子们的不良书写习惯被纠正过来，以前似懂非懂的知识也渐渐明白了，更为可喜的是，孩子们的作文有了很大的进步，不少习作中都有灵感的火花在闪动。于贵勤白天上课，晚上便把孩子们的作业带回家批改。看到他们作文中闪光的句子，于贵勤甚至会不知不觉地笑出声来。为了鼓励孩子们用心写好作文，于贵勤还自掏腰包买来一些小礼品，奖励给每次作文得“优”的学生。孩子们拿到礼物，都美得不行，举得高高地向同学炫耀。而那些没得到礼物的孩子，下次写作文会更加用心。

除了语文以外，于贵勤也没有放松对这个班学生其他科目的督促和关注。她经常与数学老师一起，分析研究学生们的单元测试卷，看他们都在哪些地方容易出错，主要需要纠正哪些方面的问题。

那一年冬天，天冷得很早，整个承德气温很快降到了零下十几度，教室里因为没有暖气，根本无法上课，于贵勤只得提前放了寒假。可是，五年级的孩子一过春节就得准备毕业考试，于贵勤害怕这个长长的寒假一过，刚刚教会他们的知识又被遗忘。于是，她便把全班24个孩子领到自己家，那间不到20平米的小房间成了孩子们的“临时教室”。

这样一来，不但她的儿子和女儿无法安静地做作业，就连丈夫回家也没了下脚的地方，人们都认为于贵勤疯了。有人对她说：“这些孩子基础差，底子薄，你下多大工夫也是白搭。如果明年能有30%的孩子升上初中，我就叫你祖宗！”可于贵勤不信，她知道农村的孩子并不是天生比城里的孩子差，只是缺乏学习的环境和氛围。因此，她决定给他们补上这一课。

对于把家变成“教室”的事，她抱歉地对丈夫说：“老张，我知道把学生们带回家，影响你和孩子们休息，但小考是他们人生中至关重要的第一关，考不上初中，许多孩子就得回家种地，跟文盲没什么两样。真要那样，咱们心里也不忍啊……”丈夫是个通情达理的人，对妻子的决定他没有多说什么，而是用行动表示了支持。

学生们也知道，于老师付出这么多都是为了他们好，所以大家不但自觉保持安静，学习起来也格外认真。在那些寒冷的冬日，屋外飘着鹅毛般的雪花，屋里却洋溢着温馨而热烈的学习气氛。于贵勤用自家的面板当黑板，毛巾当黑板擦，认真地给孩子们传授着知识。而学生们则聚精会神地托腮思考，不时低头在用破旧的木板搭成的学习桌上记笔记。整个屋子出奇地安静，只听得见笔尖沙沙落在纸上的声音。

整整一个寒假，学生们都在于贵勤家里度过。开学后，老师们发现这些学生有了明显的变化：不仅学习习惯变好了，成绩提高了，更重要的是，孩子们都变得懂事了。有的学生直到毕业很久后还回忆道："那个寒假是我有生以来最难忘的寒假，于老师不仅教会了我们知识，更教会了我们认真思考自己的人生和将来，让我们知道是为谁而学，为什么而学……我一辈子都感激她，她是我们人生的导师，更是精神上的启蒙者！"在这种气氛下，孩子们把认真学习变成了自发自觉的行为，学习效率自然也就大大提高了。

很快，毕业考试来到了。于贵勤带着孩子们去考试，临进考场前，她鼓励大家："不要紧张，沉下心来，胆大心细！我在这里等你们的好消息！"

孩子们没有让她失望，那一年的毕业考试，孤山小学出人意料地取得了及格率、合格率、升学率三个100%的优异成绩！整个孤山村沸腾了！整个三家乡沸腾了！整个承德县也沸腾了！于贵勤创造了奇迹，当县教育局的领导让她介绍教学经验时，她真挚地说："我们孤山村是个偏僻的小山村，家长们不太重视教育，他们不敢想，觉得考大学是城里人的事。我就是要用自己的行动让大家知道，农村的孩子照样可以上大学！因此，我要在末流的教室里，给孩子们提供一流的教育，让每个孩子都享受到优质的教育资源，让他们的大学不再是梦……"

"在末流的教室里，提供一流的教育"，这是于贵勤的请战书，更是她朴素无华的理想。在这个理想的鼓舞下，她认真地为每个班级制订教学计划，与老师们一遍又一遍研究教学方案，费尽心思从四面八方筹备教学设备和资料，一批又一批的孩子从孤山小学以优异的成绩升入初中。以前，乡里和县里的初中都不愿意接收孤山小学的学生，因为他们成绩差，总是拖班里后腿，可自从于贵勤创下三个100%的奇迹之后，孤山小学的学生顿时成了"香饽饽"，各个学校抢着要。老师们普遍反映，孤山小学的学生学习自觉性强，学习态度特别端正。

1996年，于贵勤的儿子以优异的成绩考取了中央民族大学，终结了人们"农村孩子考不上大学"的偏见。从他以后，各个高中不断传出喜讯：从孤山小学走出来的孩子考上一类名牌大学的不计其数。每当接到孩子们的喜报，于贵勤总是感到无比欣慰。她仿佛看到一只只雄鹰，在获得了丰满的羽翼后振翅高飞，翱翔蓝天……

爱的方程式："老师=妈妈"

凡是在孤山小学读过书的孩子谈起于贵勤校长，都会情不自禁地说："她就像我们的妈妈。"老师，妈妈，这两个神圣的称号在她的身上合二为一，这是多么崇高的荣誉。虽然获得过无数奖状和奖章，但于贵勤始终认为，学生们发自肺腑的一声"妈妈"是对她最大的奖赏。

孤山小学是一所小幼一体的学校，住宿生有 100 多名，孩子们年龄最小的只有 4 岁。到了晚上，有的孩子想家哭闹，有的磨牙，有的尿床，有的睡觉掉到地上……为了照顾好这些孩子，让家长放心，于贵勤实行了老师值班制度，每晚专门派两名老师巡查宿舍，看护孩子。而她自己，往往是轮值最多的一名。在老师们的精心看护下，住校的孩子多年来没出过一起事故，也很少生病。

但于贵勤不满足于这些，北方的冬天很长，又十分寒冷，孩子们晚上盖着厚厚的被子还冻得缩成一团，她决定改善宿舍的取暖条件。最初，她把宿舍里面全部盘上了北方的传统火炕。千百年来，火炕在北方人家发挥着重要的作用，于贵勤自己家里也有，她觉得火炕能解决学生睡觉冷的问题。可她没想到，对于一家一户来说火炕确实管用，但对于一百来个集体住宿的孩子来说，火炕就显示出了它的弊端：这种炕靠柴草加热，热源不稳定，炕头太烫，炕梢又太凉。结果睡在炕头的学生上了火，脑袋上长了一圈大红泡，睡炕梢的学生又着了凉，成天感冒。

于贵勤又开始想办法，她看到有些农户家用上了冬夏两用炕，上面是简易木板，下面是烧火洞，由于木板传热比较温和，中间还隔着一层空气，所以这种炕即使仍然烧柴草，木板两端的温度也能达到一致，不会上火。于贵勤觉得这种炕不错，把孩子们的炕全都改成了这种冬夏两用炕。可用了一段时间后，问题又出现了：这种炕虽然舒适暖和，但容易生烟，每次烧炕就像烧窑，烟雾呛得孩子们直咳嗽。

第二次改炕又失败了，学校有的老师劝于贵勤将就用，毕竟学校的经费也不多，光在烧炕这件事上已经花了不少了。可是，一向“抠门”的于贵勤这时却表现出了令人难以置信的“奢侈”：“改！接着改，啥时候改好了，没问题了，这事就算完。”经过大家认真的考察和讨论，最终确定将学生宿舍改为上下铺的铁架木板床，然后在室内一周的墙边安装暖气片，锅炉设置在室外。经过这么一改，宿舍终于达到了既安全舒适又干净整洁的目标。

暖气片装好那天晚上，于贵勤特意安排自己查房。晚上九点，宿舍里静悄悄地，孩子们在床上发出均匀平静地呼吸声。于贵勤握着手电，轻轻地走进宿舍，房间里温暖如春，没有一点呛人的烟火味。她走过孩子们床前，伸手给这个掖掖被角，给那个把手脚放回被子，眼里满是慈爱。突然，一个孩子醒了过来，却没有完全醒，看到于贵勤便迷迷糊糊地喊了声“妈妈”。泪水，刹那间在于贵勤的眼中弥漫。

对于十三岁患有心脏病的学生李晓红来说，能把于老师当妈妈也是她的幸福。有次李晓红在上课时突然发病，晕倒在地。于贵勤知道她有这个病根，可李晓红的父母当时都在外地打工，根本不可能回来照顾女儿。于贵勤忙四处求人，找来一辆面包车将孩子送到县医院。在医生的抢救下，李晓红终于苏醒过来，脱离了生命危险。可由于医生叮嘱她尽量少运动，于贵勤便二话不说，背着她在各个科室之间作检查。看到她累得满头大汗，为孩子的病急得吃不下、睡不着的样子，病友们都羡慕地说："孩子，你妈妈对你太好了！"李晓红含着眼泪说："她不是我妈妈，她是我老师。"病友们又吃惊又感动，为世间有这样的真情大爱唏嘘不已。

真心实意把于贵勤叫作"妈妈"的，还有孤山村的李德福、李德民和李德新三兄弟。三兄弟都是苦命的孩子，1988 年，他们的父亲李金志因为遭遇车祸去世，母亲抛下三个孤零零的孩子改嫁了。13 岁的李德福是老大，父母的双双离开让他一下子成了家里的顶梁柱。由于山里的孩子上学晚，李德福那时在孤山小学读五年级。灾难的到来，让这个男孩瞬间长大。他平时学习成绩不错，也很听话，深得于贵勤喜爱，而他也很爱于老师。但为了养活两个弟弟，李德福决定自己辍学出去打工。临行前，他想来想去没有什么可牵挂的人，只是舍不得于老师，便给她留了个纸条，自己挎起行李上路了。

看到李德福的纸条，于贵勤被吓了一大跳，她没想到这孩子家里发生了这么大的事，他平时竟然一声也没吭。一股心痛，从她心底油然而生。一个十三岁的孩子一旦放弃读书，走上社会，对他来说意味着什么？她不能眼睁睁看着这样的事情发生。于贵勤放下纸条，心急火燎地赶到李德民所在的班级，一问才知道，李德福一大清早就去赶那趟去县城的班车了。她急忙迈开腿便往车站赶，平时要走两三个小时的路，她只用了一个多小时就赶到了。到车站，她看见扛着破行李卷的李德福正要上车！她冲过去一把把孩子拉住，把他紧紧抱在怀里。李德福哭了："于老师……"于贵勤柔声说："德福，你们虽然没了爸爸妈妈，不是还有于老师吗？走，跟我回家去，从此后你们三兄弟就在我们家住，于老师来当你们的妈妈！"李德福猛然抬起头，不敢相信这是真的。于老师家也有两个孩子，再加上他们兄弟三个，这日子能过下去吗？

其实，同样的问题也盘桓在于贵勤心中，收养三个孩子的事，她还没来得及跟丈夫商量。因为急于拦下李德福，她只好"先斩后奏"。晚上丈夫回到家，于贵勤把李家三兄弟的情况详细地跟丈夫说了，最后小心翼翼地提出收养三兄弟的想法。没想到，丈夫根本没有反对的意思，反而显得比她还痛心，他说："这仨孩子太不容易了，咱们虽然能力有限，但有咱们一口饭吃，就不能让他们饿着。贵勤，没啥说的，明天就把孩子们接家来吧！"

就这样，李德福三兄弟成了于贵勤夫妇的养子。本来就窄小的屋子一下子添了三个男孩，更显得拥挤不堪。于贵勤想方设法给屋子旁边搭了个小间，自己和丈夫住了进去，暖和的大屋让五个孩子住。三兄弟正处于长身体的年龄，吃起饭来如狼似虎，于贵勤很快感到自己那点工资不够用了。三个孩子上学要交学费、买书本和文具，平时还要买衣服、买生活用品，她再怎么省也力不从心。开学后，她交完五个孩子的学费，发现家里只剩下五毛钱了。想来想去，她和丈夫商量，把老家那座刚盖好两年，他们准备以后养老的新房子卖掉了。

得知于老师为了抚养自己兄弟几个，竟把自己养老的房子都卖了，李德福三兄弟既震惊又不安，他们齐刷刷要给于贵勤夫妇跪下，于贵勤拦住了他们，她语重心长地说："孩子们，男儿膝下有黄金，不要动不动就给人下跪。你们要真想感谢我，就好好学习，今后有出息了，能为社会作贡献，就是对我最大的回报！"

于贵勤这个养母一当就是十四年。在这些年里，她对李德福三兄弟视如己出，甚至比对自己的孩子还要好。儿子张继伟记得，每年的六一儿童节，别的孩子都有新衣服和礼物，妈妈也用奖金给李德福三兄弟每人买了一身衣服，而自己和妹妹啥也没有，气得他俩躲在屋角直哭。妈妈安慰他们说：“孩子，你们一定要理解这件事。你们有妈妈，而他们没有。所以妈妈要让他们感受到温暖……”张继伟和妹妹似懂非懂地点点头。除此之外，有时几个孩子在家淘气，犯了错误，于贵勤总是批评自己的孩子，护着三兄弟。年龄最长的李德福理解于贵勤的苦心，私下对两个弟弟说，不许再惹于妈妈生气，否则他就要揍他们！李德福的“威胁”很有效，从那以后，两个孩子乖多了。

为了三个与自己没有血缘关系的孩子，于贵勤夫妇几年都没添过一件新衣裳。于贵勤经常去县里、市里开会，身上都穿着破旧的衣服。可她为了不让孩子冻坏脚，竟把丈夫给自己买的新棉鞋穿在李德新的脚上，自己到集市花了 5 元钱买了一双旧棉鞋。但那旧棉鞋被人家穿松了，才穿了几天就挂不住脚，她只好订上两根带子继续穿。丈夫张利民看着心疼极了，用大半个月的工资给她买了一双新皮鞋，可她发现李德民脚上的鞋也破了，他的脚码与自己一样大，便二话不说脱下皮鞋穿在李德民脚上。

2000 年，张利民所在的林场效益开始下滑，工资也发得越来越少。更为不幸的是，因为既要帮妻子照顾五个孩子，又要工作，他的身体终于累垮了。经医院检查，他患上了脑瘤。得知这个消息，于贵勤一度陷入绝望。丈夫要是倒下了，美满的家庭就要残缺。这么多年来，她一心扑在工作上，疏于对丈夫的照顾，万一他就这么走了，那将是她一辈子的遗憾！每每想到这点，她总是痛不欲生。可一到白天，她就强忍着内心的痛苦，像平常一样走上讲台，给孩子们上课。

所幸，于贵勤丈夫生病的事，被中央电视台编辑杨继光获悉。他曾经带着编导到孤山小学拍摄于贵勤工作和生活的纪录片，对这位侠骨柔情的女校长无比敬佩，一直在考虑如何帮助她。听说张利民病了，他热心地帮忙联系了北京最好的脑科医院天坛医院。2001 年 10 月 26 日，天坛医院安排最权威的专家为张利民做了脑垂体瘤切除手术。手术很成功，病人的生命暂时没有危险了。听到这句话，于贵勤一颗悬着的心才放了下来。

手术后，张利民回家休养，虽然身体渐渐恢复，可他却再也不能上班了，整个家庭的重担就压到了于贵勤一个人肩上。然而福无双至，祸不单行。丈夫的手术刚完，儿子又出事了。

那时张继伟在外地读高中，身体瘦弱的他很容易患病，不到半年就大病两次，后来又患上了双肾结石。受病痛的影响，他的学习成绩由进校时的第一名下降到百名之后，医生建议他休学住院治疗。来不及好好照顾丈夫，于贵勤又忙着照顾儿子。为了不耽误上课，她每个周六一大早就赶往儿子所在的医院照顾他，周日一大早顾不上吃早饭，又匆匆乘长途汽车返回240多里外的北大山，这样才能保证周一一大早站在学校的讲台上。在她的记忆中，那是她最难过的几年，一大家子七口人，两个病人，三个大小伙子，里里外外全靠她一人，一个人恨不得劈成八瓣用。

好在李德福三兄弟渐渐长大，也更加懂事了。见于妈妈这么劳累，他们也学会了替她分担忧伤和痛苦。三兄弟中李德民的学习成绩最好，高中毕业后，他终于以优异的成绩考上了大学，而哥哥李德福也找到了不错的工作。上大学那天，于贵勤给李德民收拾好行李，准备送他去车站。在汽车即将启动的刹那间，李德民泪如泉涌，这个羞涩的男孩抓着于贵勤的手连叫了好几声“妈妈”，一切感激尽在不言中……

在孤山小学工作的数十年里，于贵勤先后资助过200多名贫困生。在她的帮助下，这些孩子得以重返课堂，相继走出大山。因此每当逢年过节，那些接受过她帮助的孩子们就算路再远，也要赶回来与“于妈妈”团聚，那就是于贵勤感到最幸福的时刻！

守候大山就是守候希望

于贵勤的儿子生病后，县教育局的领导曾建议她把工作调动到承德县，一来方便照顾孩子，二来从她多年来的表现来看，对孤山小学付出的已经足够多了，调到城里工作也是理所当然的事。然而出人意料的是，于贵勤却婉言谢绝了。她说："从到孤山小学的第一天起，我就打算把根扎在这里，从没想过离开。"就这样，学校的老师们换了一拨又一拨，于贵勤却日复一日重复着同样的工作。她把学校当成了比小家更重要的大家，把孩子们当成了自己骨肉，把学校的每一件事，都当成了自己的"家务事"。凡是没人愿意干，或者找不到合适人干的活，她总会毫不犹豫地说："我来干！"

学校的新教学楼盖起来后，烧锅炉成了一个繁重的工作。那时学校只有一座烧煤的老式锅炉，整整一栋楼要保证 24 小时不间断地供暖，就得 24 小时内每隔 40 分钟不间断地添煤、掏炉灰，既脏又累，关键是还休息不好。学校没钱去外面请锅炉工，学校的老师们也不敢尝试接下这个工作。看着大家为难的表情，于贵勤一锤定音："我来干！"

从那天起，她就成了学校的兼职锅炉工。白天，她得记着每隔40分钟便去一次锅炉房。为了不浪费煤，她要把那些大块的煤打碎再填进炉膛，然后还要用一根特制的长长的铁勾把炉灰掏出来。换一次煤，她的脸上、身上就沾满了炉灰，她用抹布掸一掸就又去教室上课了。晚上虽然学生不上课了，但为了保证宿舍的温度，锅炉还得烧。为了方便换煤，于贵勤干脆住在锅炉房旁边的小偏房里。锅炉房虽热，可那间小偏房却冷得要命，于贵勤盖了6床被子仍感觉冷。每天凌晨3时，于贵勤就起床了，她在棉衣外又罩上一件深色的长大衣，戴上棉帽、围巾和口罩，走进学校锅炉房，打开炉门开始填煤烧水。半小时后，水温升到60摄氏度，她打开锅炉送水的截门，给学生宿舍供暖。此时，室外的温度是零下17摄氏度。

长期的寒冷和劳累，使她的手和脚都冻得裂开了血口，往外淌着血水；缺乏睡眠也导致她患上了心脏病和脑供血不足等疾病。有一次，她去锅炉房换完煤，因为实在累极了，竟拄着长长的炉钩子睡着了，几块燃烧着的炭从炉口滚出来，落在她脚边，把她的棉鞋烧着了她也浑然不觉。这一幕被一位路过的老师看到了，她吓得够呛，赶紧叫醒于贵勤。可于贵勤却轻松地笑着说："这屋太暖和，我就睡着了，没事儿。”

老师们听说这件事后，既感动又不忍心，纷纷提出轮流值班看锅炉，可于贵勤却摇摇头说：“你们都年轻，自家都有一大摊子事，再说我已经习惯了，这事还是交给我干吧！”十多年过去了，学校的锅炉工还是她。

于贵勤的坚韧和善良感动着社会上有良知的企业家。2011年9月，武汉艳阳天餐饮集团董事长余震彦得知她的事迹后，深深为这位朴实的女校长感动了。他感慨地说：“这么好的人，这么负责任的校长，怎么能让她继续当‘锅炉工’呢？我们要把她从繁重的劳动中解脱出来，让她有更多精力为我国的乡村教育事业做出更大的成绩！”余董说到做到，他慷慨捐助了40万元现金，用于改善学校的取暖条件，并与河北省青少年发展基金会商议，艳阳天集团正式冠名“承德县孤山艳阳天希望小学”，今后艳阳天集团将会持续关注学校的发展，为学校提供不断的资助。

有了余董事长资助的这笔钱，学校就能安上电暖设备，既干净又暖和，于贵勤再也不用烧锅炉了！她非常感谢艳阳天集团，此举既把她的双手解放出来，也了结了她一个多年的心愿，一连好多天，于贵勤想起这件事，心里都觉得暖暖的。

被于贵勤感动的企业并不止这一个。建校之初，于贵勤曾给孩子们建立了一个小小的图书室，随着天长日久，图书室里的书本变得陈旧，被孩子们翻得破烂不堪，有的书页都掉了，于贵勤只能用订书机订、用胶水粘。更重要的是，随着时间的推移，这些书本的内容明显过时，与现代飞速发展的社会已经脱节。因此，于贵勤心急如焚，想为学校图书室添点新书。

2012 年 9 月，她在中央电视台与光明日报合作开展“寻找最美乡村教师”的大型活动中，被光荣地评选为“十大最美乡村教师”之一。当电视台的记者采访她，问她还有什么心愿时，她既没有为自己争取待遇，也没有提自己家庭的困难，而是忧心忡忡地说起了学校图书室缺新书的难处。河北省新华书店的领导从电视上看到这一消息后，十分重视，他们决定帮助于贵勤实现这一愿望，让贫困山区的孩子们在阅读中成长、成材。他们针对小学生和老师的课外阅读特点，从数万种图书中精心挑选了 600 多种、2000 多册，价值三万多元的中外名著、科普知识、童话故事、手工制作、卡通漫画、校园安全常识等优秀课外读物，每一本都是市场上最新、最畅销的精品书。

当新华书店的工作人员满载着一车图书来到孤山小学

时，于贵勤一下子惊呆了，她简直不敢相信自己的眼睛！她像一个一跤跌进珍宝山的孩子一样，两眼放光地翻阅着一本本崭新的图书：《格林童话》、《改变命运的76个成功故事》《伟大发现大百科》、《国学经典》……一边翻一边感叹："太好了！太棒了！这都是孩子们喜欢的书，这对他们太有用了！"过了好久，她才想起来感谢新华书店的副董事长、总经理田建辉。她紧紧握着田经理的手，眼里闪着泪花几度哽咽："谢谢你们！谢谢省新华书店，你们送来的这些图书，是孩子们一生不可缺少的精神食粮，我代表孤山小学全体师生向你们深深地鞠一躬！"

学校有了书，就好像过日子的小家有了粮食一样，于贵勤心里一下子踏实了。田经理临走时还代表河北省新华书店承诺，今后还将继续以捐赠图书的方式帮助孤山小学充实图书存量。于贵勤乐坏了，在她心里有一个蓝图：今后要建一整栋楼的图书馆，让学校的藏书达到十万册、二十万册……

经过几十年不懈的努力，于贵勤像燕子筑巢一样，一口一口将混合着自己汗水与心血的物资从四面八方汇集到这个偏远的山村小学。现在，学校拥有固定资产138万元，还在各方支援下建起了具备取暖设施的宽敞明亮的教学楼、宿舍楼、食堂、幼儿活动室，孩子们有了运动场和图书室，学校周围建起了结实整齐的围墙，校园内还按照花园式学校的标准进行了绿化美化。学校现在的占地面积达到 21 亩，建筑面积达 3066 平方米，能容纳 300 多名学生上课、活动、就餐、住宿，孤山小学由昔日一所破烂不堪的“耗子洞”变成了小幼一体、全县硬件条件和环境最好的山区寄宿小学。教学设施应有尽有。2012 年 4 月，美国哈佛大学评估团到孤山小学考察评估农村教育时，代表们简直不敢相信他们的眼睛：这所小学虽然被大山环绕，但在宽阔的院落里，栽种着五彩缤纷的花草树木；明亮的教学楼中，各种教具应有尽有；就连只有在城里学校才能一睹风采的阅览室、微机室、舞蹈室，在这座山村小学也能见到……代表们举起相机连连拍照，一边拍一边感叹：“中国的乡村小学，了不起！了不起！”参观结束后，代表团给孤山小学一个高度评价：“通过你们的学校，我们看到了中国农村教育的希望。”

这是对孤山小学的赞赏，也是对于贵勤个人的肯定。这些年来，各种荣誉于贵勤全都见过、得过，她曾获得过全国模范教师、全国师德先进个人、全国三八红旗手等称号，省委省政府给她记了一等功，并三次作为河北省代表进京受到党和国家领导人的接见；中央电视台曾三次进山将她的事迹拍成《冬天里的故事》、《梦圆孤山》等专题片播出……但对于荣誉，于贵勤反而看得很淡，当一位记者采访她，问她得到过这么多荣誉有何感想时，她却出人意料地说："这些荣誉都是大伙给我的，其实每次我去参加颁奖，想得最多的就是哪位代表能再给我们学校捐点啥……"她的话把记者给逗笑了，她却诚恳地说："说真的，这么些年要是没有大伙的支持，也就没有我们学校的今天。别看我厚着脸皮朝别人伸手要东西，其实心里特别感谢他们。每天晚上睡觉前，我都要反思：我哪件事没做好，哪些东西没有用到该用的地方……我生怕辜负了人家的一片心意，辜负了大家对我的期待。"

2011年，于贵勤年满55岁，可以退休安享晚年了，可教育局领导请她"超期服役"再干两年校长，于贵勤豪爽地答应了。她胸中有一个更大的计划等待实施：由于学生数量日渐增长，旧的教学楼已经不能适应现在的要求，她想再次"化缘"，盖一座新的规模更大的综合教学楼。这座楼的预算她也已经算了出来：420万元。这个庞大的数字吓坏了许多老师，认为这是个不可能完成的任务。但于贵勤却不这么想，她豪情满怀地说："这两年，我一天也不能浪费，我得把教室、宿舍、图书室、实验室都给孩子们‘要’出来，从里到外给孩子们操持好，我才能彻底放心地退休！”

为了这个理想，于贵勤继续忙碌着、奔波着，不知何时，几缕银色的华发已经染白了她的双鬓。但她的理想却仍在熊熊燃烧，永不衰老。

2012 年 7 月 12 日。黄昏。

筋疲力尽的于贵勤缓缓地锁上学校的大门。几天前，学生们早已放假，作为一校之长的她却仍留在学校，她要整理好这个学期的教学档案。本来这些工作都可以交给别的老师来做，但她却坚持要亲手做。一本本备课笔记、一张张学生卡片在她手中滑过，她看看这个、又看看那个，思绪也在一个个孩子身上跳跃。这份工作没人能代替，因为没有人能代替她对这所学校的爱；没有任何东西，能坚固得过她对这片土地的坚守。

随着一声清脆的声响，大门锁上了。于贵勤环视着校园，笑了。几天前，学校刚刚通过了审计署的审计。

这时候，于贵勤的脑海里有两个影像在播放，一个是眼前这个校园，另一个，则是 22 年前那个破旧的院子。

“好好干吧，干好了再走。”她像 22 年前初到学校的那个夜晚一样，轻声地对自己说。

灵性之爱唤醒童心，太阳底下最快乐的事业

——记青岛技术开发区辛安抬头小学教师薛跃娥

“大山的孩子是谁/健壮的大树，快乐的小草/大山的孩子是谁/害羞的小刺猬，探出洞口的小蛇/大山的孩子是谁/带刺的野甜枣，爱笑的太阳花……”这首美丽的童诗，出自薛家岛东山村一名六年级小学生之手，从中人们看到一颗美丽快乐的心灵。是谁，让乡村的孩子如此诗意？是谁，让他们对大自然如此敏感，对生命如此热爱？当走进这些乡村孩子最喜爱的老师薛跃娥的心灵，你就会找到答案。

薛跃娥的理想听起来并不高远。她说，此生最大的梦

想就是当一名合格的老师，只要能跟孩子们在一起，每一个日子就都是美丽的。

“我就是喜欢当老师！”

如果这个世上真有时光穿梭机，让出生在薛家岛东山村的薛跃娥穿越到27年前的那个夏天，她也许还是会作出那个在别人眼里“傻透顶了”的决定。

那一年薛跃娥18岁，美丽清秀的她刚以优异的成绩从高中毕业。父亲到处托人找关系，已经为她在银行谋到一个职位。在别人眼里，她的人生此后将是一帆风顺：端金饭碗、吃国家粮、旱涝保收、体体面面！可薛跃娥却不这么认为，一直以来她有一个梦想：当一名光荣的人民教师。她的人生路上遇到过许许多多的好老师，老师们用思想的雨露浇灌着她稚嫩的心田，让她从一个懵懂无知的孩子慢慢成长为一个乐观向上、聪慧明理的少女。她常常做一个相同的梦：梦中的她一身白色的连衣裙，周围围着一群可爱的孩子，孩子们你一声我一声地叫她“老师”，她在梦中常常笑醒过来……可是，年仅18岁的她还不会掌握自己的命运，父母为她找好了工作，尽管不是她喜欢的，她仍然打算顺从。

一切仿佛上天注定，她的命运在那个冬天的中午发生了扭转。

那天村支书薛顺民满脸愁容地来到她家，原来，由于各村办学力量都有限，东山村与邻村向阳村便决定各出一部分师资联合办学，两个村的孩子一、二、四、五年级在向阳小学读，三年级和六年级在东山小学读。可是由于工资太低，东山小学的几名老师走得差不多了，向阳小学表示：如果东山村再不充实师资力量，他们就要收回本村的孩子，同时把东山村的孩子从学校清除出去。为这事村支书薛顺民愁破了头：在村小教书只能按民办教师编制进入，工资低、福利待遇差，学历高的不愿来，愿意来的学历又不高，一时半会儿他上哪儿找人去？他足足想了几天几夜，突然想到了刚刚高中毕业的薛跃娥。

在东山村，薛跃娥可是个出了名的才女，她从小成绩优异，年年从学校不知拿回多少奖状，村里人都说她是个读书的料。如果不是家里经济条件有限，这小女子真要考个大学让村里人看看哩！想到这点，薛顺民十分兴奋，一阵风似的来到了薛跃娥家。

进门后，薛顺民赔着笑脸四处张望：“他叔，他婶，娥子在不在家?”接下来便说明了自己的来意。听他说完，薛跃娥的父亲和母亲脸都沉了下来。几个孩子中，父亲最宠爱的就是这个宝贝女儿。银行的工作也是举全家之力，不知托了多少人情找来的。可现在，村支书轻飘飘一句话，竟让女儿去当民办教师，这对他们来说当然不是个好消息。因此，薛跃娥的父亲大声说：“支书，您请回吧，我们娥子不在家!”母亲也做出了“关门送客”的姿态，薛支书一脸尴尬。

就在这时，后院响起一声脆生生地叫喊：“支书，俺在家，俺愿意去当老师!”原来，薛跃娥那时刚从外面回来，村支书的话被她听了个清清楚楚。仿佛一道光亮刺破黑暗，“老师”这两个字把她沉睡已久的梦想刷地点燃。听到父亲和母亲不客气地下起了“逐客令”，她便不顾一切地叫了起来。她的喊声让父亲和母亲脸色煞白，几乎跌坐在地上，而薛支书却一脸喜色，满是期待地望着从后院冲出来的薛跃娥。

薛跃娥喘着气，再次清楚地向薛支书重复自己的决定：“支书，我愿意去当老师，我愿意。”支书心满意足地走了，薛跃娥却迎来了全家如暴风雨般的“批斗大会”。父亲气得脸色铁青，蹲在院子里不吭声，只是吧嗒吧嗒地抽着烟斗。

母亲不停地数落她："娥子，你爹给你都找了那么好的工作，明后天就要去银行报到了，你这是吃了什么迷了心窍啊？"母亲越说越气："人家老话都说'家有二斗红高粱，不去当那孩子王'，你不听大人的话，以后有你后悔的日子！"父亲站起来，把烟斗在鞋底上磕了磕："我去找顺民，跟他说俺闺女改主意了，让他找别人去！"薛跃娥一直眼泪涟涟地听着母亲数落，听到这句话却跳了起来："爹，求您了，千万别！我是真的喜欢当老师啊！您不是说过只要我乐意、我开心，您就会开心吗？只有当老师能让我开心，您就当是成全女儿，好吗？"想不到一向听话乖顺的女儿关键时刻竟如此倔强，父亲简直拿她没辙，他狠狠地跺脚，哼了一声便把自己关进了屋子。

几天后，银行方面看到薛跃娥一直没去报到，便派人来她家询问，得到的却是她放弃这个机会的消息。与此同时，这件事也被薛家的亲戚朋友、左邻右舍给知道了。薛跃娥令人不解的选择如一石激起千层浪，让人们议论纷纷。与薛家关系比较好的亲朋像走马灯似的上她家来，反复劝说薛跃娥："不要犯傻，民办教师是泥饭碗，说砸就砸，银行的工作可是金饭碗，过了这村可没这店了。""趁学校还没开学，这事还有挽回的余地，赶紧推了吧……"可是，不论别人怎么劝说，薛跃娥就像吃了秤砣铁了心，任十头牛也拉不回来。亲戚们叹息着“这丫头看着聪明，其实傻透了”。父亲气得好多天不跟她说话，母亲提起这事也是不住地抹眼泪。

3 月 1 日，在薛跃娥的坚持下，她终于站在了东山小学的讲台上，教六年级下学期的语文。平生第一次站在讲台上，薛跃娥有些兴奋，也有点紧张，握着教鞭的手也在微微颤抖。可眼前的情景却让她不知接下来该怎么办了：30 多个孩子见到这个比他们大不了几岁的“小老师”，根本没把她放在眼里，一群调皮的男生比着学猫叫、学狗叫，还有个男生学着当时流行的电视连续剧《济公》里的调子，哼着“鞋儿破，帽儿破，身上的袈裟破……”他滑稽的样子和声调引来了阵阵哄笑……

这就是她渴望已久的教师生活的开端吗？孩子们为什么不像梦中那样可爱、听话？在那一瞬间，薛跃娥突然开始怀疑自己，是不是真的做了一件“傻透了”的事，她甚至有了扔下教鞭，回银行上班的冲动。可是，为了这一天，她可算是“众叛亲离”了，在自尊心的驱使下，她忍住了拂袖而去的冲动。

定下心神后，薛跃娥开始给自己所带的班级作调查摸底。这一摸不打紧，简直把她吓了一大跳：这个班的孩子普遍学习态度比较懒散，学习基础也很差，大部分孩子只相当于小学三四年级的水平，有几个学生甚至连拼音都不会读。更让人头疼的是山里孩子读书晚，学生们年龄普遍偏大，最大的孩子居然只比她小三岁，这相对来说增加了她管理的难度。可就是这一批学生，再过四个月就要参加小学毕业考了，如果考不上初中，他们面临的命运将会是什么？薛跃娥的心底掠过一丝寒意，从那一刻起，她来不及考虑自己的选择是否正确，取而代之的是一种沉甸甸的责任感：在四个月内，把这些孩子的学习成绩提起来，让他们能顺顺利利地走入初中。

说来容易做来难。作为一个非科班出身，也没有一天教学经验的年轻老师，薛跃娥不知道该从哪里下手。为了给孩子们梳理小学期间的所有内容，她借来了小学的全套课本，利用业余时间连夜整理出了一份“小学知识点大全”。她想，有了这份浓缩的“知识周期表”，孩子们用四个月的时间哪怕是死记硬背，也会比现有的水平提高很多。但在课堂实践中，她却发现，她的这剂“药”虽好，孩子们的“吸收”却很差。课堂纪律一直是让她头痛的大问题，那些调皮的孩子仿佛有用不完的精力与她捣乱，看到她被气得脸通红，他们却开心得哈哈大笑。薛跃娥向别的老师们请教管理班级的办法，听到她描述班上那些孩子的“劣迹”，老师们气愤地说：“薛老师，你对这些小坏蛋太温柔了，你应该这样……”他们教了薛跃娥好些“绝招”，其中包括罚站、罚抄作业、回家请家长等，可薛跃娥想来想去，总觉得这些方法让她下不了手。特别是她一想起那样的场景，就觉得与自己的梦想背道而驰。可是，究竟有什么办法，能让这些顽皮的孩子驯服呢？薛跃娥苦苦地思索着。

有一天，薛跃娥在家看电视，有一家电视台在评选“我最喜爱的主持人”，其中一位主持人说道：“要让观众喜欢你，你就得弄清楚什么是他们最喜欢的，他们心目中最好的主持人是什么样子的……你做到与观众心意相通，与他们的交流就不成问题。”这句话让薛跃娥恍然大悟：是啊，她要与孩子们心意相通，就得弄清楚他们喜欢什么样的老师！

第二天，薛跃娥上课时没有像往常一样拿出课本和教案，让大家准备背诵和默写，而是给每个同学发了一张白纸，然后说：“同学们，你们是我的第一批学生，所以我很希望你们能教教我，如何做一个好老师。现在，请你们把你们心目中‘好老师’的样子写出来，让我来学习。我一定会努力，做一个让大家满意的合格的老师。”没有说教，没有惩罚，而是真心诚意地请教，孩子们都被这个不一样的老师震撼了。何况，哪个孩子不希望老师会变成自己喜欢的样子呢？拿到白纸后，所有学生都低下头唰唰地写了起来。

课后，薛跃娥认真地看着孩子们在纸上写下的话：希望老师经常笑、能陪我们做游戏、不要布置一大堆作业、不要讨厌差生……看着看着，薛跃娥笑了，孩子们心目中“好老师”的形象在她心中渐渐清晰起来，她感到自己找到了方向。

第二次上课时，薛跃娥对孩子们说：“同学们，你们给老师提的希望很好，从今天起，老师一定认真地按照你们的要求去做。但是，我也有一个小小的要求。”她转过身，把“我心目中的好学生”几个大字写在黑板上，然后笑着说：“光我当好老师可不行，你们也得争取当好学生啊！我们一起进步，让我们这个班变成一个特别幸福、特别好玩的集体，好不好？”她的提议得到孩子们的热烈响应，他们都感到：一件有趣的事情就要开始了。

从那天起，薛跃娥发现孩子们突然变得听话、懂事了，课堂变得安静，她上课的进度也推进得比以前顺利多了。

别的老师发现薛跃娥班上的变化，都感到不可思议。

时间一天天流逝，很快便迎来了初中入学考试的那一天。薛跃娥把孩子们送到考场外，微笑着向他们招手："同学们，老师等你们的好消息。"出人意料的是，考试结果出来，竟然爆出大冷门：本来全镇倒数第一的东山村小学竟然一跃而成为正数第一名，所有的学生全部顺利考入理想的初中！

整个东山村沸腾了。家长们奔走相告：学校里出了个好老师，四个月竟然把"差生班"变成了"优生班"！村支书薛顺民也得意地逢人便说："我的眼光没错吧，娥子是好样的！"当老师的第一炮打响了，薛跃娥心中也充满了喜悦和自豪感。可当她把这个好消息告诉父亲时，父亲却冷冷地说了句："有什么可高兴的，不就是当个孩子王吗！"薛跃娥听到这句话，眼泪忍不住扑簌簌地掉了下来。她知道父亲仍在生她的气。因为坚持自己的选择，她与父亲几个月来都没怎么说话，每当看到父亲那苍老的背影，她心中总是涌起阵阵愧疚。

成功的甜蜜混着失落的酸楚，这便是薛跃娥教师生涯开端最真实的滋味。

教育的秘密：轻轻推开那扇门

尽管对父母有深深的愧疚，薛跃娥仍然被初步的胜利滋味所鼓舞，下决心在自己选择的这条路上坚定地走下去。再次接手新的班级时，她开始认真地观察和思考，如何才能走进学生们心里，当上他们心目中“最好的老师”。

吸取了带上一届学生的经验，薛跃娥每接手一个新班级，就会让学生们告诉她“喜欢什么样的老师”，然后就照着学生喜欢的样子去做。同时，她也给学生们提出要求，告诉他们自己“喜欢什么样的学生”，让孩子们照着自己希望的去做。这一招可谓知己知彼，十分有效。可是薛跃娥也很清楚，带上一届孩子时她有些“背水一战”的匆忙，随着今后教学工作的全面展开，她还需要更多、更新、更有效的招数。

薛跃娥想到的第一招就是“讨孩子喜欢”。因为年纪轻，她干脆放弃了端着老师架子、高高在上的形象，下课时跟孩子们一起玩游戏，一起疯闹。要求背的课文，她就自己先背给孩子们听，她给学生布置的作业，自己也要做。先做完的同学，就由她这个“大同学”帮他们检查。这招果然有效，当她“弯下腰”时，孩子们马上跟她亲近起来。

有一段时间，薛跃娥想突击给孩子们补课，要求他们六点钟到校上早自习。但是，有的孩子因为家远，又贪睡，早上总是迟到。薛跃娥就提出，每天早上五点半，她在路口等着，大家拿着蜡烛去学校，比赛看谁先到。有了比赛机制作激励，孩子们的兴奋劲被调动起来，第二天薛跃娥刚到路口，就惊讶地发现那些喜欢睡懒觉的孩子一个不少，全都捧着蜡烛守在路口呢！从那以后，东山村就出现了一道特殊的风景：每天黎明之前的黑暗中，星星点点的烛光从四面八方汇聚到一处，渐渐形成一长串，仿佛一束移动的“希望之光”。

到教室后，薛跃娥就安排孩子们读书、背书，琅琅的书声把太阳唤醒，直到东方渐渐露出鱼肚白。天亮后，薛跃娥把孩子们带到后山的山坡上，教他们唱歌，给他们讲故事。暖暖的太阳照在山坡上，孩子与大自然有着天然的血缘，在他们眼里，花朵与草叶仿佛都在跳舞，连露珠似乎也在聆听这美妙的声音……这幅美丽的画面，与电影《音乐之声》中，玛利亚修女带着孩子们在阿尔卑斯山上放声歌唱的场景何其相似！

在大自然的怀抱中，在歌声的陶冶下，孩子们学习的兴趣大增，他们的成绩提高很快，尤其是作文，充满了灵性与童真，有些精彩的句子常常令薛跃娥看得赞不绝口。文章开头所引用的那首小诗，便是其中一个学生的杰作。在一天天耳鬓厮磨中，薛跃娥也成了孩子们最贴心的大朋友。孩子们喜欢把内心不愿意告诉别人的秘密告诉她，遇到什么困惑或烦恼，也会悄悄地对她诉说。对别人来说，孩子的烦恼似乎不值一提，但薛跃娥却很珍惜孩子们告诉她的每一个“秘密”。

在薛跃娥的努力下，她所带的班级成了整个学校最团结、最阳光也最快乐的班级，让其他班的小朋友羡慕不已。在一次由镇里举办的统考中，薛跃娥再次放了“卫星”：她所带的班级由以前全镇 33 个班级的倒数第一，再次一跃而成为第一名！人们不禁对这位从教不到一年的小丫头刮目相看。

再一次取得令人欣喜的成绩后，薛跃娥对自己更有信心了，她认定自己天生就是当老师的料，也更加珍惜上天赋予她的这个神圣使命。

可是，理想虽很丰满，现实却很骨感。一个学期结束后，眼看着就到了腊月时分，要过春节了。薛跃娥当老师满了整整一年，可是却没能从学校拿到一分钱工资。为此她找过村支书，但支书为难地说，学校老师的工资都由县里财政拨款，可目前县财政十分紧张，工资也只能先拖欠着。薛跃娥对自己这一年来的工作状态都十分满意，要说缺憾，这恐怕要算是唯一的缺憾。她已经成年，不想已经工作了，还靠父母的接济生活。因此腊月二十七那天，薛跃娥再次来到村支书薛顺民家。薛支书一看到她就明白她想说什么，他犹豫了半天，从桌子抽屉里取出一百元钱递给薛跃娥说："娥子，这一百元你先拿上，给你爹妈买点年货。你放心，等财政上有了钱……"薛跃娥也不想让支书为难，没等他说完，便接过那张百元大钞，道了谢便转身欲走。没想到还没走出门，又被支书叫了回来。薛支书吭哧了半天才说："娥子，那钱……是我儿子打渔挣的，是我私人的钱，你能给我打张欠条吗？"薛跃娥眼睛红了，辛辛苦苦干了一年，一分钱工资没拿到，倒还要给别人打张欠条！自己的教师之路，为什么走得这样尴尬？

从支书家出来后，薛跃娥边走边哭。她不是个爱哭的女孩，但现实的残酷却伤害了她。薛跃娥哭了一路，可走到家门口时，她却用袖子把眼泪擦干，这才敢进门。自从她自作主张当了老师后，父亲一直不理她，父女俩见面如同陌生人一样。薛跃娥理解父亲，她的行为确实给父亲带来了太大的伤害，可她不知该如何去弥补，只能任由愧疚啃啮着自己的心。

薛跃娥用那一百元钱给家里买了几条鱼、几斤肉，母亲没有问及她工资的事，她知道女儿经济上一定不宽裕。那个春节，一家人过得闷闷不乐。

与孩子们在一起的教学时光是快乐的，可作为民办教师，薛跃娥却不得不长期忍受着拮据的生活。工资十分微薄，还不能按时发放，在参加工作的四年时间里，风华正茂的薛跃娥没买过一件新衣服。学校里除了她是民办教师外，其他老师全都想办法通过各种途径转成了公办。发工资是同事们最开心的日子，同时也是她最难受的日子。最困难的时候，她手里连两块钱都没有。

又过了一年多，因为工资拖欠得太厉害，有的老师陆续离开，整所学校只剩下薛跃娥一个老师。向阳村看到学校只剩下她后，便把他们村的孩子收了回去，把东山村和泊湾村四个年级的学生都退了回来。那一刻，薛跃娥真的心灰意冷。一直以来，她都是带着满腔热血真心诚意地从事她所挚爱的教育事业，可万万没有想到，她付出的一切换来的却是一次又一次冷冰冰的打击！平生第一次，她产生了放弃的念头。一个要好的姐妹在广州工作，已经多次向她发出了邀请。她想，这一次恐怕是真的要离开了。

然而，东山村和泊湾村的家长得知薛跃娥要走后，纷纷找到她家，苦苦央求她留下来。家长们说："娥子，你要是一走，我们两个村的孩子都没学上了。不出一年，这些孩子肯定得学坏……"听到这句话，薛跃娥的心仿佛被重锤狠狠地敲了一记。责任感，她本以为已经消失的责任感又冒了出来。她曾经在心底发过誓，哪怕只有一个孩子，她也要带着他（她）走上正途。这些，她为什么都忘了呢？

强烈的自责之后，薛跃娥再次决定留下来，她带着孩子们回到东山小学。一年多过去，本就简陋的校园更显破败。五间破教室，一堆烂板凳就是她全部的"家产"。然而薛跃娥不怕，她手里握着满满的希望，这点困难又算得了什么？没有玻璃，她带着孩子们去捡塑料纸把只剩下窗框的窗户钉好；没有笔，她从山上折来一根根棉槐条，用小刀把一头削尖，再蘸着墨水使用；寒冷的冬天，学校没有炉子，她就在每天上课之前，带着学生围着学校跑几圈，等跑暖和了再上课。因为学校没有院墙也没有大门，更没有门卫，当薛跃娥有一天来到学校上课时，发现教室、办公室的锁都被砸了，仅剩几套好点的桌椅板凳被偷了个精光。孩子们哭了起来，薛跃娥却没哭，她带着孩子们用剩下的桌子腿、凳子面拼凑成新的课桌椅。一边干活，一边把《济公传》的主题歌改编成好笑的歌词，跟孩子们一起大声唱了起来。

困难，成了前进的动力；不幸，成了点缀生活的小插曲。薛跃娥就这样领着孩子们一路前行，在传播知识的同时，把快乐、阳光也一点一点种到了孩子们的心里。

为了让孩子们的升学考试取得更好的成绩，薛跃娥打整起十二分的精神，投入了工作之中。她发现班上有一部分成绩中等偏下的孩子，智力和反应能力都很不错，只是平时训练得太少导致成绩不稳定。为了帮助这部分孩子提高成绩，薛跃娥决定放学后给他们补课。但是，学校的条件太简陋，晚上根本没灯，薛跃娥便把学校不用的破课桌修理了一番，抬到自家新盖的房子里，把自己的房间当成自习室，给孩子们补课。

她的父亲本来就对女儿当老师这件事耿耿于怀，见她竟然把小孩弄到家里来了，就更加生气。幸而薛跃娥的母亲赶来劝解，老人这才没把那些孩子赶走。可是，课间休息的时候，两个小男孩调皮疯闹，竟把雪白的墙皮蹭掉了一大块。薛父看到后，大发雷霆，把薛跃娥和她的学生都赶了出去。看到父亲生气的样子，薛跃娥十分难过，但为了不让孩子们也跟着她一起难过，她只好强装笑脸说："同学们，爷爷这几天心情不好，脾气有点大，你们别怕，其实平时他很和气的……"

如何缓和与父亲的关系，一直是薛跃娥的一块心病，让她意想不到的是，随着时间的推移，父亲竟然慢慢理解了她。

在东山村送走第二个六年级后，东山、泊湾、向阳三个村的六年级孩子一齐并入了辛岛小学，薛跃娥的工作也随之迁到了辛岛。由于她以往工作的努力，学校领导让她担任了六年级的班主任。在辛岛小学工作的日子里，薛跃娥继续以自己的乐观、热情、执著和勤奋感染着学生们，越来越多的家长开始对薛跃娥赞不绝口，想方设法把自己的孩子调到她的班上去。甚至刚上小学一年级的孩子都开始热切地盼望赶紧长大，赶紧上六年级，因为六年级有个对学生特别亲的"薛老师"。

这些家长中有很多人都与薛跃娥的父亲是老相识，听到别人用欣赏加敬佩的语气赞扬自己的女儿，老人从中感到了自豪，他对女儿和她的学生的态度也开始有了慢慢的转变。

周末时，总有些学生回不了家，薛跃娥便把他们带到自己家，而这些孩子又央求带上自己的弟弟、妹妹。孩子们一直玩到中午也不愿意走，薛跃娥就给他们做饭、下面条。于是，村里人经常可以看到，在薛家门前，一大排高高低低的孩子端着大碗，猛劲吸溜面条的情景。更让薛跃娥开心的是，父亲不但不赶孩子们走，还开始逗他们说话。当孩子们围着他叫“爷爷”的时候，父亲笑得那个开心啊！就这样，有了孩子们做“润滑剂”，薛跃娥与父亲之间多年的“冷战”终于结束了。

不仅如此，当父亲得知女儿当上了班主任后，高兴得逢人便说“我女儿当班主任了”！有一次，父亲私下问她：“娥子，班主任是个多大的官儿？跟车间主任一样大吗？”薛跃娥知道父亲的问题很傻，但是不忍心伤害他，所以只是望着父亲傻傻地笑。她宁愿父亲的心中有一个幻想，幻想自己的女儿终于“当官”了，有出息了。这个谜底，直到父亲去世，薛跃娥也没有向他揭开。

但在父亲去世后的第一个清明节，薛跃娥为父亲扫墓归来后，想起父亲至死都被蒙在鼓里，她再也忍不住，抱着父亲的相片大哭一场。哭过之后，她泪水涟涟地写下了一篇题为《父亲，现在告诉您女儿“官”有多大》的文章。在文中，她动情地写道：“父亲，您的女儿‘官’有多大？

让我告诉您，班主任不是个‘官’，甚至算不上一个政府工作人员。但是，我的孩子们以后当了科学家、当了很大很大的‘官’，我永远都是他们的班主任。您说，这个‘官’该有多大？……”薛跃娥告诉父亲，班主任是天底下最重要的“官”，因为她手中握着祖国未来的希望……在文章的末尾，她向父亲承诺：今后，她仍将毫不懈怠地对待自己热爱的这份工作，像父亲呵护自己一样，去用心呵护孩子们。这篇感人至深的文章后来发表在《辅导员》杂志上，反响十分强烈，许多人被薛跃娥字里行间那真挚的感情和“舍小我，成大我”的思想所打动，纷纷来信赞扬她，并表示要向她学习。

薛跃娥“出名”了。然而她的脚步却没有因为名气而停留半秒，她的本意不过是想告慰长眠地下的父亲，也在自己的心灵深处对深爱的教师职业、对自己从事的班主任工作作一次深刻的诠释。至于其他的，与她无关。

辛岛小学离大海很近，为激发孩子们学习兴趣，薛跃娥因地制宜，又想出了“海边学习法”的新点子。每天早晨，她提前一个多小时来到海边，让孩子们与她一起坐在岸边的渔船上、礁石上，听着浪花拍打海岸和岩石的声音，快乐地学习。学累了，孩子们抬眼望望那浩渺的大海，对着无边无际的海岸线放声歌唱，那种感觉真是无比美妙……

“在我的眼里，没有差生”

有经验的老师都知道，每个班级都会有几个在学习、纪律等方面比较落后的学生，由于他们屡遭失败，心灰意冷，破罐子破摔，所以对班集体有较大的“破坏力”。然而薛跃娥在与同行交流教学经验时，说得最多的一句话就是：“在我的眼里，没有差生。”在她看来，学习不好的孩子仅仅是学习方面出了问题，他们在其他方面也许比别的孩子更优秀。因此，她从来不把学习差的孩子称作“差生”，而是创造性地发明了一个词：“潜能生”。越是对这样的孩子，她越是会给予更多的关注。她用细心、爱心和耐心，小心地呵护着“潜能生”们那或脆弱或孤独的心。

薛跃娥说，有两件“傻事”她不干：第一，学生写错了字，或没完成作业，罚写十遍甚至几十遍。第二，因为学生完不成家庭作业或上课回答不上来问题，甚至学生在课堂上做小动作，就把学生撵出教室或者罚站。她说：“想想他写一遍都写不好，罚写十遍或二十遍，他能写好吗？

他的心里只是在数着遍数或是对老师充满了怨恨。至于罚站，站在教室一角，那么多同学在看他，能听好吗？他是听不好的。本来学过的知识没掌握好，新的知识又没听进去，不会的东西越来越多，差生就这样被‘培养’出来了。”

多年来，薛跃娥带的都是六年级班主任，每接一届新学生，她都要先检测一下他们的学习水平，然后根据每个学生的水平设置 4 种“作业套餐”，第一种是针对优秀生的，重在能力的培养，题量大一些难一点，中间两种分别侧重技巧和题量，而最后一种则是基础知识的巩固，题少而简单，针对基础没有打好的孩子。她把这四种作业“套餐”摆在学生面前，让他们根据自己的能力自由选择。这样做有一个最大的好处就是，每个学生都能量力而行，并且能体验到学习进步的快乐。

徐森是薛跃娥班上一个典型的“差生”。他长得高而健壮，就是不爱学习，最愁的事是写作业，几乎从不按时完成作业。薛跃娥开始在班上实行四种作业“套餐”时，徐森高兴坏了，他毫不犹豫地选择了题量最小、又最简单的第四种作业。第二天他到校后，得意洋洋地把本子交到薛跃娥手上。薛跃娥一看，虽然字迹潦草，但是每个题都做了，她借机大大表扬了徐森。这是徐森上学以来，第一次得到表扬。他坐在自己的位置上，脸上写满了兴奋。当天的那堂课，他不再像以前那样左顾右盼，动不动就去惹别的同学。第二天，他仍然选择了第四种作业，同样完成得不错。薛跃娥不仅表扬了他，还任命他帮自己收作业本。薛老师对他表示出的信任，让徐森更兴奋了。第三天，徐森主动选择了第三种作业，字写得很认真，薛跃娥还是真诚地表扬了他，同时奖给他一个本子。一星期以后，徐森选择了第二种作业，再后来，他选择了第一种作业。这可是优等生的作业！期末测验时，徐森创造了奇迹：他真的考出了优等生的成绩！从此后，徐森的成绩一直稳定在优等生的位置上，他顺利考上了重点中学，还担任了班上的历史课和微机课代表。

除了用特别的方法激励像徐森这样的后进生外，薛跃娥对那些因为先天残疾导致学习成绩不如别人的孩子也毫不放弃。

薛晓芹是薛跃娥班上的一个智障女孩。五岁时，她因为摔跤摔坏了脑子，薛跃娥刚接手这个班时，发现晓芹连生活自理都不会。十几岁的女孩了，鼻涕流下来不会自己擦，连大小便都经常漏到裤子里。别的同学不但不和她玩，甚至坐都不愿意和她坐一起，她一个人孤单地坐在远离大伙的一个“特座”上。看到这个孩子，薛跃娥特别心疼，她手把手地教晓芹擦鼻涕，课间及时督促她去上厕所。可尽管如此，晓芹的表现仍然平平，没有多大起色。

见薛跃娥对自己的女儿花费了这么多精力，晓芹的父亲主动找到她说：“薛老师，您不用在我孩子身上太费心了，您教不会她的。我在家摆花生米教她，三个花生米加上两个花生米，明明是五，可她非说是七……您别担心，我的孩子成绩差，我不会怪您的。”尽管晓芹的父亲都这么说了，薛跃娥仍然不想放弃。不仅如此，她还把更多的关爱给了晓芹。

那一年，社会上刚流行轻骑木兰，薛跃娥也买了一辆。亮闪闪的木兰让孩子们很是羡慕，下课时就围着这辆车，这里摸摸、那里看看，很想能亲自坐一坐。薛跃娥看出这一点，她特意找了个中午，让晓芹坐在木兰后座上，带着她在校园里转了一圈又一圈。在孩子们艳羡的眼光里，晓芹从被大伙嫌弃的人成了最值得羡慕的人。薛跃娥上课时告诉学生们：晓芹是个很可爱的女孩，我很喜欢她，希望你们也跟我一样喜欢她。

在薛跃娥的带动下，学生们慢慢开始接近晓芹，很多同学还自发地组成帮助小组，轮流照顾晓芹。仿佛是爱心带来的神奇力量，晓芹在大家爱的包围下，智力恢复得很快，她变得越来越快乐，也越来越懂事。看到她的变化，听到她每天回家都说薛老师怎么好，晓芹的父亲感动得不知该怎么办才好。

晓芹生日那天，薛跃娥领着全班同学，为她过了一个有生以来最快乐的生日。那天晓芹显得特别激动，她牢牢记住了：薛老师是天底下她最爱的人，过生日是天底下最快乐的事。从那天开始，她每天都会画一朵小红花，然后写上“老师祝你生日快乐”几个字，送给薛老师。薛跃娥感动极了，她抱住晓芹说：“谢谢你晓芹，老师沾你的光，天天过生日，真好！”

后来，晓芹上中学了。薛跃娥还是一如既往地关注她，给她写信，与她谈心……如今，晓芹成长为一个乐观向上、自立自强的少女，看到她生活得快乐、开心，薛跃娥心中油然升起一股自豪感。

对于自己所经历过的每一名“差生”，薛跃娥总是记得每一桩小事、每一个细节，她对他们所付出的精力，超过其他所有学生，甚至超过了自己的女儿。从教二十多年来，她不知往家里领回多少个“问题孩子”，以至于女儿都嫉妒地说："妈妈，我感到我不是你亲生的孩子，你对那些调皮孩子比对我好多了。"对女儿的愧疚，薛跃娥只能深深地隐藏在心里。

就这样，尽管生活清贫、愧对家人，薛跃娥仍然一心一意、踏踏实实地面对每一天，面对每一个"她的孩子"。

或许是天道酬勤，在经历了十五年的代课岁月后，薛跃娥终于迎来了自己教学生涯的春天：2001 年 4 月，作为骨干教师的薛跃娥因为认真踏实的工作态度和硕果斐然的教学成绩被转为公办教师。从 18 岁的青春少女，到 33 岁的资深教师，一个孩子的母亲。在别人眼中，薛跃娥为这一天付出的太多了。可是，对于这个"迟来的春天"，薛跃娥心中没有抱怨、没有牢骚，而是充满了感恩。她在心中默默发誓：今天的一切都是孩子们给的，要用饱满的热情和无穷的干劲来回报这些可爱的孩子们。

她是这样想的，更是这样做的。从那以后，薛跃娥仿佛又回到了 18 岁，她浑身充满了干劲，不仅为孩子们的成长投入更多精力，还更加用心地揣摩和总结先进的教育方法，想方设法既提高学生们的学习成绩，又增加他们学习的乐趣。她还研读了大量教育学先驱们的书籍，与陶行知等教育大师们对话。她惊喜地发现，自己通过教学实践琢磨出的一些教育理念和方法，竟与大师们不谋而合！在教育的道路上，薛跃娥开始了从实践到理论的升华。

然而，就在她充满激情地在教育的快车道上疾驰时，她的身体却因为长期得不到休息以及超负荷的运转而亮起了红灯。2002 年，薛跃娥上课时突然感到腹痛难忍，她坚持把课上完后，人已经脸色苍白、浑身大汗。老师们急忙把她送到开发区医院，经医生诊断她患上了严重的肾结石。医生拿着片子严肃地对她说："你也太不注意自己的身体了，双肾长了这么多结石，为什么不早点到医院来看？你看看，最大的石头直径有 4.3 厘米，足有鸽子蛋大小了！"由于她的病情太严重，开发区医院无法治疗，丈夫只得把薛跃娥送到济南华厦医院进行碎石。济南离开发区足有好几个小时的车程，而每次碎石后，病人的身体都十分虚弱，因此医生要求她最好住院治疗。可是，薛跃娥心中记挂着自己所带的六年级毕业班，担心自己这一病，孩子们的学习受到影响，她硬是拿着医生开出的住院单，悄悄登上了回程的大巴。

每次做完治疗后，薛跃娥都感到疼痛难忍，坐都坐不住。为了缓解疼痛，她就一人买两张座位票，把医生开的吊瓶挂在行李架上，蜷缩在座位上昏昏沉沉地一路颠簸到家。晚上，有时被粉碎的结石会堵住尿道，剧烈的疼痛让她彻夜难眠。本来应该住院观察的她，此时只能靠自己解决。她让丈夫帮助自己在墙上做倒立，用这种原始的办法让堵住尿道的碎石“转移”。有时一折腾就是一夜，但天一亮，薛跃娥不管多累都会像往常一样出现在课堂上。

在治疗期间，薛跃娥尽管承受着身体的病痛，却丝毫没有放松对孩子们的关注，学生们一点一滴的变化都逃不过她那双“火眼金睛”。有一天她上课时，发现班上的贫困生陈强强面色苍白，眼睛红肿，好像刚刚哭过。下课后，薛跃娥把陈强强叫到办公室，询问他是不是受了什么委屈。她这一问，陈强强的眼泪像断了线的珠子一样扑簌簌落了下来。原来，陈强强的父亲患有严重的慢性病，不仅失去劳动能力，还需要长期服药治病。他的母亲负担着全家人的经济和家务的重担，不堪重负的她曾几次离家出走，最后又都因为丢不下陈强强姐弟俩而回来。这一天，陈强强和姐姐起床上学，发现妈妈留下一张字条，人已经不见了。从她绝望的语气中，陈强强姐弟俩感到妈妈再也不会回来了……看到哭得上气不接下气的陈强强，薛跃娥心中涌起阵阵同情和心酸。她温柔地把孩子抱在自己胸前说：“强强，别怕，有老师在呢，老师帮你把妈妈找回来……”陈强强满面泪痕地抬起头："真的吗？老师，您真能把我妈妈找回来？"薛跃娥坚定地点了点头。其实，她心里一点底也没有。但她知道，孩子这时最需要的就是信心，为了不给陈强强幼小的心灵留下阴影，她必须强大起来。

可是，陈强强的妈妈究竟去了哪里呢？从她留下的字条内容，薛跃娥感到她其实并没有走远，而且她对这个家，对丈夫和孩子仍有感情，只是生活的负担太重，让她失去了继续撑下去的勇气和信心。为了让她没有后顾之忧，薛跃娥向学校申请，免除了陈强强姐弟俩的借读费用，同时继续打听他母亲的下落。

工夫不负有心人，在薛跃娥的努力之下，陈强强的母亲终于有消息了。原来，她住在邻村的一位亲戚家，正准备和人一起去广东打工。薛跃娥得知后，赶紧带着陈强强赶到那位亲戚家。见到儿子，陈强强的母亲眼泪一下子涌了出来，紧紧抱着儿子不肯撒手。薛跃娥耐心地告诉她，学校已经同意减免了姐弟俩的学费和借读费，她私人也可以给两个孩子提供一些生活费，学校也已经将他们家列为帮扶对象……然而不管她怎么说，陈强强的母亲就是紧闭双唇，不答应回家。一阵疼痛袭来，薛跃娥脑门上顿时冒出豆大的汗珠，脸色也变得煞白。看到她痛苦的样子，陈强强的母亲吓坏了。得知她竟然带着重病来寻找自己，并且劝自己回家时，她再也忍不住喷涌而出的泪水。她哭着说：“薛老师，我对不起您，我这就回家，马上……”

陈强强的母亲终于回家了，一个濒临破碎的家庭得到了挽救，可薛跃娥却因为过于劳累而再次被送进医院紧急抢救。得知薛跃娥这样“不听话”，医生一边责怪她毫不顾惜自己的身体，简直是在玩命，同时，他对这个顽强的病人也产生了深深的敬佩。而在薛跃娥看来，上天赐予她珍贵的生命，她便要将它用在自己最热爱的事业上，即使为这事业失去了生命也在所不惜。这便是薛跃娥，一位教育事业的朝圣者最真挚的心声。

蹲下来，我就是你的好朋友

“好朋友，您的牙痛好了吗？”“感谢好朋友的关心。有了好朋友你的关心，我的牙怎敢不快点好呢？”这是薛跃娥与学生之间的一段短信对话。在班上，她要求学生们不要叫她“老师”，而与他们以“好朋友”相称。这不仅仅是称呼的改变，也是薛跃娥从多年的教学实践中摸索出来的先进教育理念。

薛跃娥常听同事们感叹："现在的孩子不比从前，越来越难教，越来越难管了。"确实，随着时代的发展，学生们的思维越来越活跃，行为也越来越张扬大胆。对老师从以前的毕恭毕敬，变成了平起平坐。或许是受美剧、港台剧的影响，有的学生在课堂上以捉弄老师为乐，师生之间关系日趋紧张，因为"学生难管难教"而对教育灰心丧气，因而离开教育系统的老师不在少数。这样的变化，薛跃娥当然也感受到了。然而与一些教师感叹"世风日下"的态度不同，她遇到这种事情后，会首先反问自己："学生一定要对老师毕恭毕敬吗？捉弄老师，真的是对老师的不尊重吗？"

从她多年来与孩子们摸爬滚打在一起的经验来看，不论身处什么社会环境，孩子始终是孩子，他们身上的纯真、童心与生俱来，在不同的年代并没有什么区别。而恰恰相反，作为成年人的老师，在面对社会的发展与变迁时，没能跟上时代的步伐，一味要求学生盲从恭顺，早已脱离了实际。在薛跃娥眼里，孩子们"调皮""不尊重老师"的行为都要经过多重解读，学着从他们的角度去理解，也许会得出截然相反的结论。比如说：课堂上有的孩子爱搞恶作剧，捉弄某位老师，或许他只是用这种方式表达对这位老师的喜爱，希望引起他（她）的关注；有的孩子与老师公然对抗，但如果从孩子的逻辑来看，他坚持的也许是对的……

薛跃娥曾经看过一本教育学专著，上面提到："面对孩子，你首先要蹲下来，才能成为他的好朋友。"这句话给了薛跃娥很大的启发。是啊，作为一名老师，你要想成为孩子的朋友而不是敌人，要做的第一件事，不就是"蹲下来"吗？作为尝试，薛跃娥决定从自己做起。

她首先要做的，就是改革老师与学生的关系。传统的师生关系中，老师再怎么与学生亲近，中间也隔着两尺厚的讲台，或许为了彰显老师的"高大形象"，许多学校的讲台还被高高垫起。改换了思维方式后，薛跃娥第一次发现这种设计毫无必要，甚至有些做作。从那以后，她除了板书很少站在讲台上，而是走下讲台，站到同学们中间给他们讲课。一节课又一节课，她站得腰酸背痛，两腿都僵硬得迈不开步。学生们心疼了，对她说："薛老师，您坐着讲课吧，这样舒服点儿。"可薛跃娥却回答："不用了，教学是一项站着的事业。"

与孩子们之间的称呼，也让她颇费脑筋，她想了很久，最后决定用"好朋友"这个词作为她与孩子们沟通的桥梁。

课堂上，孩子们叫她“老师”，她笑着纠正：“从此以后，我不叫老师了，我是你们的‘好朋友’。”而她对学生们的称呼，也变成了“好朋友”。有趣的是，刚开始很多孩子还不习惯，总是叫错。每当他们叫“薛老师”的时候，薛跃娥就故意装作没听见，孩子们会意地改称“好朋友”时，她才笑眯眯地回答一声“哎”！

当然，薛跃娥这个“好朋友”不是表面或形式上的矫情，而是真心实意地把自己放低到孩子的高度，把自己变成一个“大号的儿童”。以下的一幕在她和学生们之间经常出现：下课铃声一响，孩子们欢快地涌出教室，一个小女孩跑回教室门口，对正在批改作业的薛跃娥招招手：“好朋友，快来跳绳！”薛跃娥二话不说，换上平底鞋就跟着小女孩跑到操场上。“一、二、三……”跟孩子们一样，她也跳得满脸通红，浑身是汗，输了就受罚，从不耍赖。

跳大绳、踢毽子、转呼啦圈……薛跃娥渐渐成了学生们的玩伴，也充分享受到了“蹲下来”的愉悦感。她努力站在孩子们的位置，学会用儿童的视角去观察世界。苏联教育家苏霍姆林斯基曾说过的一段话深深铭刻在她心里：“在课堂上，儿童盯住了树影投在教室墙壁上的跳跃的光点，看得入了迷，他没有听你讲课，你不要大声斥责他，不要把他当着全班同学的面搞成不注意听讲，坐不安稳的坏典型，你要轻轻地走到他跟前，握住他的双手，把他从他那童年的美妙的独木舟上引渡到全班学生乘坐的认知的快艇上来。你也不妨有时候去乘一乘儿童的船，跟他们在一起待些时间，用儿童的眼光来看看世界……”

“苏氏教育理论”在薛跃娥手里得到了淋漓尽致的运用。有一天，她给一年级代美术课，正在黑板上作示范时，突然发现角落一名胖乎乎的小女生睡着了。她条件反射似的想把孩子叫醒，女孩的同桌也发现了老师的眼光，赶紧想伸手想去摇这个女孩。从同桌的眼光中，薛跃娥发现了畏惧、惊慌和一种说不清楚的距离感。“不妨去乘一乘儿童的船……”苏霍姆林斯基的话语仿佛在脑海中响起，薛跃娥猛地一惊：原来自己只是熟读了教育学家的理论，在实践中依然按照习惯来教育孩子。她下意识地轻轻走过去，对女孩的同桌摆了摆手，还把自己的外套脱下来披在女孩身上。女孩睡着的脸上突然出现一个小小的酒窝：她笑了。或许在睡梦中，她感到妈妈来为她披上了衣裳吧？薛跃娥对她的同学说：“这名同学或许是昨晚玩累了，或许还没有适应学校生活。咱们不要叫醒她，让她多休息一会儿，好吗？”小学生们都开心地点点头。等女孩睡醒了，薛跃娥柔声问她昨晚做什么去了？女孩不好意思地说："晚上看动画片了……"薛跃娥没有责怪她，只是叮嘱她从今后要早睡早起，上课是不允许睡觉的。从那以后，这个女孩课堂纪律特别好，还当起了纪律委员，帮老师督促其他的同学。

薛跃娥对学生以柔代刚的管理收到了很好的效果，为了激励学生们按照自己的要求去做，薛跃娥向他们承诺：谁表现好就可以到自己家住上一晚，学生们都爱和薛跃娥亲近，能到老师家住成了他们眼里莫大的"殊荣"。晚上与"好朋友"促膝谈心，也成了他们记忆中最温馨、最难忘的回忆。

薛跃娥所带的班级，每一个孩子既是她的学生，也是她的朋友，和学生朝夕相处，让她永远保持着一颗童心。同时，她也用自己的行动教孩子们感恩和善待他人。时间一长，别的老师们都惊奇地发现：薛跃娥班上的孩子都格外善良。他们几乎从不与其他班的孩子发生争执，即使有矛盾也懂得用讲道理等比较柔性的手段来处理。更难能可贵的是，孩子们特别喜欢奉献和付出。帮助别人、给别人带来快乐和方便，似乎比什么都更能给他们带来心灵的愉悦。所以，当别的老师叹服地说"薛老师班里的孩子都格外善良"时，薛跃娥就会开玩笑地回答："他们这是随娘！"

原来，每个周末和寒暑假，薛跃娥都会带着学生们主动参与社会实践，为村里的五保户抬水、磨面，顺便清扫街道的卫生，敬老院也是他们常去的地方，每次去都给老人带去小礼物和精彩的节目。薛跃娥用行动告诉了孩子们：什么是人间的大爱，什么是真正的幸福。

在她润物细无声的感化下，孩子们也学会了关爱他人。薛跃娥的付出也得到了家长们的肯定，他们经常发短信、打电话向她表示感谢。有的家长还与她成了朋友，经常交流人生经验。家长们都感慨地说："薛老师不止教了我一个孩子，她教会了我们一家人如何生活、如何何做人，她就像一块燃烧的煤炭。只要走近她身边，你就能感到温暖，感到力量，感到光和热的传递！"有一次，薛跃娥的咽炎发作了，上课时哑着嗓子说不出话来。一位学生家长得知后，跑遍了整个开发区，为她找到了一个特别有效的民间偏方。这位家长自己买药、熬好，再装进保温杯让孩子每天给薛老师送去。每天下课后，看着桌上的保温杯，薛跃娥心里热乎乎的。那一刻，她真为自己的工作感到自豪和骄傲！

“让我的学生成为最幸福的人”

2011 年 9 月，由于拆迁改造，薛跃娥所在的辛岛小学并入了嘉陵江路第一小学，薛跃娥也终于结束了 25 年乡村教师的生活。来到新的工作环境，薛跃娥心里一阵感叹：嘉陵江路小学的条件真好，宽敞的教室、大操场、电子白板……这在辛岛小学都是没有的，最重要的是离家近，上班只要走 15 分钟就到了。在别人眼里，薛跃娥“功成名就”，调入条件相对较好的小学，“享受生活”应该是理所当然的事。然而仅仅过了一年，教育部门出台了城区学校教师和农村学校教师互相交流的新政。薛跃娥这一次又给人们带来了意外：她不仅主动要求再次“下乡”，而且要求到条件最艰苦的辛安抬头小学工作。

“没关系，我习惯了，况且我也喜欢这样的学校。”面对人们不解的目光和劝说，薛跃娥“轻松”应对。事实上，这样的选择背后，她背负着很大的压力。那时女儿正在上高二，正是爬坡的关键时期，作为母亲，她怎么能不希望守在女儿身边，为她人生中最重要的阶段出一点力？可是，考虑到年轻的老师到了农村不好找对象，结了婚的老师准备要孩子，有了孩子的老师还要照顾孩子。而自己在乡村学校干了 25 年，有经验，也能适应环境，所以她决定再次“下乡”。

得知母亲的选择，女儿十分委屈：“妈妈，在您心目中，我永远没有您的学生重要。”薛跃娥十分惭愧，但她知道女儿说的是事实。她只希望，随着女儿长大，她对母亲的事业会越来越理解。

舍不得让薛跃娥走的，还有嘉陵江路小学的家长们。尽管只跟孩子们相处了一年多，但不论是学生还是家长，都一下子喜欢上了薛跃娥这位与众不同的老师。得知她要调走，家长们集体挽留她，并准备去找校长、教体局局长，让他们出面，把薛老师留下来！薛跃娥虽然对家长们的厚爱表示感谢，却不得不一家一家地做工作，向他们解释自己离开的原因，并承诺自己虽然调走了，但仍会时常回来看望孩子们，并辅导他们的学习，家长们这才依依不舍地“放走”了薛跃娥。

一位老师，能让她短暂教过的学生和家长如此留恋，怎能说不是为人师表的最高境界呢？

揣着学生和家长们满满的期盼与祝福，薛跃娥来到了辛安抬头小学。这是一所打工子弟学校，班上大多数孩子的父母都是外来务工人员，家庭条件比较贫困。而且这所学校离薛跃娥家很远，她每天早上5点多钟就要起床，再坐一个多小时车去学校上班。负担的课程也成倍增加，以前一周只需上9节课，可现在一周达到18节课。接手工作后，薛跃娥就发现这个班与她以往教过的所有班级都不同：以前班上的孩子大多来自同一个村，同一条街道，但这个班的50个孩子竟然来自16个省份！不同的地域造就了他们说着不同的方言，生活和学习习惯也各不相同，这就大大增加了带班老师协调与管理的难度。

然在，困难向来不是薛跃娥退缩的借口，面对教室里来自五湖四海的孩子，她暗下决心："哪怕只教他们一天，我也要让我的学生成为最幸福的人！"

薛跃娥教育的"秘密武器"就是"牙齿天天晒太阳"。快乐、开心是打开儿童心智的金钥匙，孩子们只有在放松的状态下，才可能打开心扉，开启智慧。因此，她总是变着花样给孩子们找"乐子"，让他们在新鲜与好奇中不知不觉汲取知识的营养。

本以为抬头小学的孩子大多老家都在农村，应该对农产品和农业耕种的知识十分了解，可在教学的过程中，薛跃娥却惊奇地发现：随着城镇化的推进，农民的孩子居然开始不识稼穑。把麦苗当韭菜、以为花生是树上结的……这种笑话层出不穷。这在薛跃娥看来，真是件很悲哀的事情。于是，她把自家阳台当作实践基地，让学生种菜，让学生亲眼见证植物成长的过程，学会观察，学会记录，不再写“流水账日记”；她买来西红柿种子发给学生，让他们回家栽种，让学生体会一颗小小种子生长的奇迹；她让学生把捕来的龙虾、捉来的蛐蛐养起来观察，写出令人欣喜的观察日记……

在与大自然零距离接触的实践中，薛跃娥再次深刻体会到陶行知先生所说过的那句话：“生活即教育，动手又动脑才能更好地培养孩子们的创造力。”所以，每逢天气晴好，她都会带着孩子们走进大山，去山洞探险、采集树叶、做树叶画、玩泥巴……她还经常带孩子们去不远处的大海边极目远眺，那碧蓝海水的浩瀚无边、水天一线的辽阔壮观给了孩子们丰富的想象和无尽的快乐，薛跃娥不失时机地引导孩子们：“同学们，谁能告诉我，大海为什么这么大呀?”有的孩子说：“因为它本来就大!”有的说：“因为天上下了很多雨。”还有的说：“因为有神仙挖了一个大坑……”孩子们稚嫩的话语把薛跃娥逗笑了，她详细给孩子们讲了江、河、湖、海的成因，给他们普及了一些地理常识。最后她缓缓地说："大海之所以比江、河、湖更大，是因为它广阔的胸襟。它兼容并蓄，海纳百川，能容下别人不能容之事，所以它博大无边，所以它拥有无穷的力量！"孩子们听着她的话，若有所思。薛跃娥知道，在幼小的心灵中，又一扇窗被打开了……

这些亲近大自然、走进社会大课堂的活动，不仅给孩子们带来了快乐，还让他们学会了包容，学会了感恩，学会了善待他人，学会了将爱心传递。薛跃娥也达到了自己最初的目标：孩子们迅速喜欢上了她，他们回家都跟爸爸妈妈说："做薛老师的学生真是件最最幸福的事！"

2012 年 10 月，是薛跃娥到抬头小学工作的第二个年头。有一天早上，她像往常一样收拾好教案，匆匆搭车赶往学校。因为早上时间紧，她为了不迟到经常不吃早餐，有时饿得胃痛。这一天，她又没吃早餐，正准备去看看抽屉里还有没有零食垫垫肚子。刚到校门口，她班上的一个小姑娘走了过来，小家伙笑眯眯地望着薛跃娥问："好朋友，今天是你的生日吗？"薛跃娥被她问迷糊了，过了好一阵子才反应过来：今天可不就是自己的生日吗？可丈夫和女儿都不在家，连她自己都忘了。她笑着摸摸小姑娘的脸蛋："好朋友，你从哪知道的？我都忘了。"小姑娘没回答，却迅速从怀里掏出一杯八宝粥和一只鸡蛋。那八宝粥还冒着热气，鸡蛋也热乎乎的。“你又没吃早餐吧。我妈妈特意叮嘱我带给你，她说，以后要天天带。”薛跃娥鼻子一酸，眼眶禁不住湿润了。她感动地说：“谢谢你和你妈妈。”小姑娘却拉着她的手说：“好朋友，我们去教室吧。”

原来，更大的惊喜还在后头。薛跃娥推开门一看，整个教室不知何时被孩子们布置得特别喜庆：拉了彩条、点了彩灯，教室中间的桌子被拼在一起，上面堆满了送给她的小礼物和贺卡。要知道他们可只是四年级的孩子，布置这些他们用了多少心思啊！这时，58 个学生一起唱起了《祝你生日快乐》……孩子们的小脸因为兴奋而变得红扑扑的，他们的眼睛因为爱而闪闪发亮，那一刻薛跃娥被幸福包围了，她再也忍不住，眼泪刷刷地淌出来。看到老师哭了，孩子们围上来给她一边擦眼泪，一边噘起小嘴问：“好朋友，怎么你不高兴吗？是不是我们哪里做错了？”薛跃娥含泪而笑：“有一种眼泪叫喜悦，我现在流淌的，正是喜悦的泪，开心的泪！”

这次的生日，对薛跃娥触动很大。有生以来，从来没有这么多人为她过过生日，她从中体会到：爱心的传递是一件多么神奇的事，她给了孩子们一颗爱心，而他们回报她的则是58颗滚烫的爱心。爱心相传，生生不息，这便是人类最宝贵的精神财富！薛跃娥决定，要把爱心的种子发扬光大，让它激发更多的正能量。

获得2011年度“十大最美乡村教师”的荣誉后，薛跃娥得到的奖品是一台笔记本电脑。当她把这台电脑拿回家时，女儿欢喜跳跃，已经上大学的她多么渴望能拥有这样的一台电脑。可是，薛跃娥望着那台崭新的电脑，却想起多年前她曾去过的菏泽市曹县小学。那里的条件之艰苦让她刻骨铭心，念念不忘。虽然她工作过的东山村小学、向阳小学、抬头小学等都是乡村小学，但与曹县小学比起来，这些学校就像“天堂”。当时她就有个想法：如果有条件了，就实实在在地帮曹县的老师和孩子们做点什么。一台电脑？是的，如果曹县的孩子们能拥有一台电脑，他们的生活将会产生质的飞跃！想到这一点，薛跃娥十分兴奋，她不顾女儿委屈的眼泪，毅然把这台电脑捐给了曹县小学。政府每个月补贴给她的500元钱，也被她全部捐了出去。她有一个梦想：希望能借助自己微薄的力量，帮助曹县小学建一个书屋，让孩子们能读更多书，懂更多的道理。在她的呼吁下，许多爱心人士纷纷响应，曹县小学的“希望书屋”正在努力兴建之中。

回忆起自己 27 年的乡村教师生涯，薛跃娥内心充满了骄傲和喜悦。就像女排队长孙晋芳能“摸着队员的脉搏给球”一样，薛跃娥十分自信自己能够“摸着孩子的脉搏教育他们”。人们发现，薛跃娥手中仿佛有着神奇的魔力，只要她教过的孩子都喜欢她、拥护她、依恋她。许多人在探寻她的秘密何在，薛跃娥说：“因为我甘愿受孩子的驱使，为了孩子，做什么我都愿意。”

薛跃娥的博客起名“麦穗青青”，寓意永远年轻，在教育的道路上永远充满激情。博客的卷首写着：“走近我、走近阳光，做个阳光的女人……”当教师，已不再仅仅是她的职业，而是她毕生挚爱的事业。

每天早上，当她踏上那条开满鲜花的乡间小路，享受着大自然中花鸟草虫奏出的美妙音乐时，她就会感到这样的生活是多么美好，当一名乡村教师是多么幸福！

最近，抬头小学面临搬迁，薛跃娥请照相师傅把她们的学校拍了下来，把她和孩子活动的场景录了下来。因为她有一个愿望，等将来自己老了，就要把她和孩子们在大山里的故事写下来，把办公室里的笑声写下来……她想让后人知道当老师是一件多么幸福，多么快乐，多么阳光的事！

凤凰涅槃走过无边黑暗，那是光华升腾的浴火重生

——记云南华坪县民族中学教师张桂梅

她来自肥沃的东北黑土地，却因为思念生病去世的丈夫，而把自己像一颗石头“抛”进了云南的深山老林；就在她重拾人生希望准备好好活下去时，却面临死神的再次狙击；她一生没有子女，却举毕生之力为数百个孤儿打造了一个温暖的家；当她目睹许多没文化女孩的悲惨命运时，毅然为她们奔走呼号，甚至为她们建起了一所免费的女子高中。

她为别人做了那么多，那么多，但她却一直在真诚地

表达着自己的感恩之情……

最爱我的那个人去了，天塌了

张桂梅永远忘不了1993年的那个冬天，当她听到挚爱的丈夫董玉汉被检查出胃癌晚期时，整个天空都黑了下来……

张桂梅1957年出生于黑龙江省牡丹江市，18岁那年，她跟随在森工集团工作的姐姐来到云南迪庆州中甸县支边。由于她聪明好学，又懂文化，她成了香格里拉县林业局子弟学校的一名教师。那时的张桂梅年轻漂亮，对教师工作满腔热情，一口字正腔圆的普通话，让人听在耳中，甜在心中。

很快，风华正茂的张桂梅到了谈婚论嫁的年龄。姐姐通过熟人，给她介绍了一个大理的白族小伙子。初拿到小伙子的相片，张桂梅愣是没看上：小伙子比她大八岁，其貌不扬，一只眼睛还有点斜视。她噘起嘴，顺手把照片给扔了。没想到过了一周，照片上的小伙子竟然出现在她面前……这个小伙子便是张桂梅此生最牵挂的人：董玉汉。

既然人来了，张桂梅也不好意思赶人家走，俩人只好有一搭没一搭地聊天。这一聊张桂梅才发现，小伙子虽然外型一般，肚子里还真有些才华。原来他是老三届的大学生，恢复高考的第二年他就参加了考试，一下子就考到了整个大理的第二名！董玉汉如此内秀，不得不让张桂梅高看他一眼。于是，俩人顺理成章地交往起来。

随着交往的加深，张桂梅发现董玉汉身上的优点越来越多，俩人之间聊的内容也越来越深入，爱情的火花瞬间迸发。可是，董玉汉一只眼睛斜视的小残疾却阻挡着他们的关系进一步发展。让张桂梅惊讶的是，与她交往后两个月的一天，董玉汉竟然眼睛上包着纱布来见她了。她惊讶地问这是怎么回事，他装作轻松地说了句："我眼睛再过几天就好了！"

原来，为了让张桂梅更放心地接受自己，董玉汉决心为自己那只有些斜视的眼睛动手术。做手术时，医生告诫他不能打麻药。为了不让自己乱动，影响手术效果，他让医生把自己的手绑起来。眼睛是极其敏感的部位，就是平时揉一颗沙子都疼痛不已，何况是锋利的刀片在上面游走！看到董玉汉疼得满头大汗，却咬紧牙关一动不动，让医生都钦佩不已。术后，善解人意的医生问他："小伙子，你是为了爱情吧？"董玉汉点了点头……

董玉汉为了能“配上”自己，竟然不惜吃这么大的苦头，张桂梅感动极了：世界上有钱有权的男人多的是，可愿意为了得到你的爱情，而拿自己的眼睛作赌注的男人有几个？她心中涌起一股爱的暖流。一年后，他们携手走进了婚姻的殿堂。

婚后的生活比张桂梅想象的还要幸福甜蜜：丈夫温文尔雅，知书识礼，最重要的是特别疼她。在家里，丈夫什么也不让她做，承包了所有的家务活儿。就连报销个医药费，都是丈夫前前后后地替她跑腿儿，她一点儿也不用操心。学校的同事们都艳羡地说：“张老师，你这可是一跤跌到蜜罐罐里了！”张桂梅甜蜜地笑着：这个男人是她一生的依靠。

结婚的最初几年，俩人由于工作关系一直两地分居。追求上进的张桂梅经过努力考上了丽江教育学院，但他们经济条件有限，学费成了一个难题。董玉汉表示一定支持妻子读书，他想到了承包家乡学校的一些经济业务。他还笑嘻嘻地对妻子说：“等你毕业了，我就去考研究生，让你过上真正的知识分子家庭的生活。”于是，张桂梅干脆把工作关系调到了丈夫的家乡喜洲镇，在张桂梅没课的时候，俩人夫唱妇随，过起了美丽的田园生活。喜洲镇是大理有名的鱼米之乡，风景十分秀丽。张桂梅常常和丈夫一起坐在洱海边弹琴、唱歌，那种浪漫到骨子里的感觉，让她一生难忘……

张桂梅出生后不久，母亲就患上子宫癌而去世；幼年时，父亲也因病去世，她在几个姐姐的抚养下长大的。那时姐姐还是个未婚的少女，根本不懂得怎么喂养一个吃奶的婴儿。看着饿得哇哇直哭的妹妹，姐姐也跟她一起哭，最后还是刚生完孩子的邻居看到了不忍心，将小桂梅抱去吃了几口奶……从小到大，张桂梅没有父爱和母爱，也没有自己的家，而是轮流在几个姐姐家住。虽然姐姐们对她都很好，但姐姐的家再好也不是自己的家啊！因此，她做梦都想要一个“自己的家”。董玉汉的出现仿佛命运的安排，张桂梅享受到了自己作为女人最幸福的日子。丈夫带给她“家”的感觉无比温馨，也让她无比珍惜。她想：上天是公平的，虽然她前半生不幸，但老天想用后半生的幸福来弥补。为此，她一遍遍地感谢上苍！

可让她做梦也没有想到，仅仅与丈夫携手走到半路，老天就又露出了狰狞的面目，她亲爱的丈夫竟然患上绝症！拿着那张诊断证明书，张桂梅一屁股坐在医院大院冰冷的地面上号啕大哭。足足哭了两个小时，她感到自己整个人全都飘了起来。她深一脚、浅一脚地慢慢挪回家，路上遇到一个熟人，见到张桂梅，她惊讶地叫起来："天哪，桂梅，你这是怎么了？怎么像一下子老了 30 岁？"张桂梅掩面而去，她无法面对这样残酷的事实。

尽管她想尽办法瞒着丈夫，但聪明的他不久就猜到了。这段美满的婚姻中，他与张桂梅一样，感谢老天赐给他这段姻缘，即使俩人没有孩子，也丝毫不影响婚姻的美满，每天都像新婚般甜蜜。所以，病痛带给他的打击并不亚于妻子。

张桂梅发疯般地取出家里所有的积蓄，还向哥哥姐姐们求援，一切都只为了挽救丈夫的生命。可是，丈夫已经病入膏肓，她的努力在强悍的命运面前是那样微不足道。一天，张桂梅清早就为丈夫熬好中药，端到床前喂他喝时，发现丈夫的头发、胡子、眉毛一夜之间全白了，他的眼睛深陷、脸色铁青，看上去十分怕人。张桂梅忍不住抱住丈夫哭了，丈夫也拉着她的手一遍遍地说："桂梅，我知道我的日子不多了。我不怕死，可我担心，平时我出差时间长一点，你都会哭，要是我永远离开了你，你该怎么过啊？"张桂梅无法回答这个问题，夫妻俩手拉着手，泪雨滂沱……

最终，张桂梅没能留住丈夫，他撇下她撒手西去。丈夫去世后，张桂梅的天塌了。她成天魂不守舍，守着她和丈夫亲手营建的温馨小家泪流满面。灶台上干干净净，那是丈夫经常为她做饭煲汤的地方，他极爱干净，洗碗时连锅底都会洗；床头叠放着丈夫为她设计并缝制的衣衫，他的手很巧，是个不错的裁缝，他为她亲手做的衣服同事们看了都羡慕不已……她想起刚结婚不久，俩人用积蓄买了一台黑白电视机，她不敢开，怕爆炸。丈夫拍着胸脯说："你躲在外边，让我来！"她站在门口半天没听到动静，回到屋里一看，他看着电视节目直乐呢！她扑上去捶打着他："你真坏！真坏！"他呵呵笑着扳住她的手……不怪今天的日子太苦涩，只怪往昔的日子太甜蜜。张桂梅陷入其中，无法自拔。

在刻骨铭心的思念中，张桂梅整个人迅速消瘦，精神也完全垮了。学校安排了两个女老师与她同住，她们拉着她去逛街、买衣服、上跳舞厅，想把她从低落的情绪中拉出来。但她们很快发现，这一切努力都是徒劳。张桂梅的魂魄仿佛已经不在她的身体里，不论在哪里她都不断地默默流泪。有一个学生在作文中写道："我们再也看不到张老师的笑容了，我们不知道怎么面对她和她所讲的课。"张桂梅在喜洲镇教书小有名气，学生们也都很喜欢她，但现在她感到自己不但无法胜任以往热爱的教学工作，甚至不能继续在这个世界上活下去。她想到了自杀。

可是，该怎么做才能死得干净利索呢？她茫然走上街头，大街上车水马龙，人群川流不息。看着一辆辆疾驰而过的汽车，她心一横，对着一辆小轿车撞了上去！只听到一声刺耳的刹车声，小轿车一个转头加急刹躲开了她。张桂梅跌坐在地，只是裤腿被扯开了一道口子。小车司机从驾驶室出来，看到她失魂落魄的样子，并没有过多地责怪她，只是无可奈何地说："大姐，你要死可以选择别的方式，可你不能这么坑我啊！我上有老下有小，你要是真撞我车上了，我一大家子可怎么办？"司机的话仿佛醍醐灌顶，让张桂梅一下子清醒过来：是啊，她一直与人为善，怎么能为了追随丈夫而连累了另一个无辜的人呢？她诚恳地向司机道了歉，来到丈夫去世的那家医院。

自从丈夫走后，张桂梅既不想埋葬，也不想火化他的遗体，就仿佛他还没有走。但现在，她终于明白，丈夫是真的走了，以后的日子不论她愿意还是不愿意，都得一个人面对。她抱着丈夫的遗体痛哭了一场，终于以火化的方式完成了与他最后的告别。

在丈夫的墓碑上，张桂梅亲手刻下了他的名字：董玉汉。她流着泪对丈夫说："你好好在里边待着吧，放心，我会经常来看你的。"

亲手埋葬丈夫之后，张桂梅便托人与昆明、丽江和华坪县的三所学校发去联系函，要求调动工作。喜洲镇留着她和丈夫太多的回忆，她不敢面对那曾刻下他们足迹的小路、那曾洒满他们欢笑的河滩……此刻的她，只想到一个完全陌生的地方放逐自己。

很快，华坪县的华坪民族中学发来了函件，请她去任教。相对于昆明和丽江，华坪是最贫穷也是最边远的地方，姐姐劝张桂梅再等等，争取能到条件好一点的地方工作。但张桂梅急于离开眼下的环境，在内心深处，她也希望能躲在一个偏远的地方慢慢地老去、枯萎。因此，她连工资待遇什么都没问，便要求辞职去华坪县的学校工作。

得知她要走，班上的孩子们不干了：张桂梅带着两个班的语文课，由于她亲切和蔼，教学方式又生动活泼，孩子们对她十分热爱。张桂梅背着行李准备上车时，孩子们赶到车站，拉着她的衣襟，哭着说："张老师，我们不要你走！"对孩子们的挽留，张桂梅也十分感动，可她不走行吗？她把孩子们集中在一起，对他们说："同学们，张老师知道自己对不起你们。可是，老师在这里没办法活下去，请你们理解老师，好吗？”孩子们十分懂事，他们慢慢地松开了手，眼泪汪汪地看着老师登上汽车。

汽车缓缓启动了，张桂梅拼命向孩子们招手，直到走了很远，那群小小的身影仍然在站台上守望。张桂梅的心底充满了歉疚，她默默地说：“再见了，我亲爱的丈夫；再见了，我亲爱的学生。如果你们真的爱我，就让我在一个不为人知的地方自生自灭吧……”

告别黑暗，载着鲜活的生命重新起航

华坪县是云南省最边缘的一个县，与四川攀枝花接壤，经济发展水平在全省范围内是比较落后的。张桂梅报到时，县教育局给了她两个选择：一个是条件较好的华坪一中，另一个是条件特别差的民族中学。对所有人来说这简直不算个选择，但张桂梅却出人意料地选择了民族中学。好心人悄悄提醒她：“民族中学条件很艰苦，你是不是刚来，还不清楚啊？”张桂梅一字一句地回答：“我看中的，就是学校条件艰苦这一点。”就这样，张桂梅成了华坪县民族中学的一名老师，承担了四个毕业班的教学任务。

平心而论，张桂梅对这份工作十分认真。但是不到一个月，老师和学生们就知道了她的身世，以及她到这所学校来的原因。外校的人也向他们打听：“听说你们这来了个老师，长得很漂亮，说话像播音员，但是命很苦？”不论张桂梅走到哪里，人们都用同情的眼光看着她。被人同情的滋味并不好受，但她想不到的是，尽管已经“逃”到了这么远，丈夫的身影仍然时刻在她眼前晃动。每当此时，她就止不住眼泪。也有人陆续给张桂梅介绍了一些合适的对象，可她统统拒绝了。此时，她才深切地体会到什么叫“曾经沧海难为水，除却巫山不是云”。

这种持续低沉的日子过了大概有半年，这半年里，最令张桂梅触目惊心的便是一个“穷”字。这里的人们穷到什么程度？答案是：穷到不可想象，穷到让人不知所措。

张桂梅曾去学生宿舍看过，绝大部分的孩子床上根本没有“被褥”这个概念，木头床板上面垫一层硬纸壳，到晚上和衣而卧，这就是他们全套的“被褥”。“穿鞋”也是件奢侈的事，大多学生常年打赤脚，冬天时就穿一双手工做的“趿板”（布拖鞋）。有的孩子“趿板”已经烂得只剩下一层薄薄的底了，仍然在穿。“一日三餐”对大多数人来说只是最基本的生活需要，可对他们来说几乎不可能，每天吃一顿、两顿饭的学生大有人在，吃菜更是不敢想的事。

她有时候去家访，学生家里没有凳子，连坐的地方都没有。家长们见到老师，诚惶诚恐地给老师倒杯水，可张桂梅接过杯子却不由得作呕：那杯子上结着一层厚厚的水垢，估计从来就没洗过。学生和家长穿的都是全国各地捐助的救济衣物，有的已经穿得看不出颜色。他们不是不想洗杯子、洗衣服，而是既没水，也没有洗衣粉。洗衣粉要去很远很远的集镇上买，而且买一袋洗衣粉的钱相当于一家人几天的饭钱。

张桂梅班上的一个女孩得了腮腺炎，高烧发到 40 多度却没钱看病，趴在课桌上昏睡不止。张桂梅心疼了，她扶起女孩："走，老师有钱，跟老师去医院看病。"她的母亲急匆匆赶来，从怀里拿出一片仙人掌，嚼烂了给女儿糊在腮上。原来，这是当地的土办法，用仙人掌茎消炎。张桂梅摇摇头："有病最好还是去医院，土办法万一出了事怎么办?"女孩的母亲苦笑着说："穷人的命贱，万一真出事，就自认倒霉呗。"

这一桩桩、一件件、一幕幕刺激着张桂梅的眼睛，也敲打着她善良的心。她从没想到世界上还有这样一群人，更没想到人可以穷到这个地步。但更让她震撼的不是村民的穷，而是在极度穷困中所表现出来那种对读书的重视，以及对知识的渴望！

张桂梅记得很清楚，开学之初，她班上来了一对父女。父亲大约四十多岁，但看上去就像个六十岁的老头。小女孩穿了一条沾满泥巴，看不出颜色的裤子，上面也是补丁摞补丁。乍看上去，父女俩就像讨饭的叫花子。见到她，父亲从包里倒出一堆零零碎碎的纸币和硬币，最大的面值是5角钱。父亲用黑黑的手把这堆钱捧给她："老师，交学费。"张桂梅当时就傻了：这么大一堆钱，可怎么数啊？见她愣着不动，这个汉子以为是钱不够，他结结巴巴地说："老师，我没有了，就这些……等我有钱了会给你送来的，求你让我女儿上学吧。"他接下来又说，他和女儿住在大山里，俩人走了整整一天一夜才走到学校。说着，他就要给老师下跪。

张桂梅的心仿佛被什么重重击了一下，她赶紧扶住汉子说："大哥，你别这样。你也别送钱来了，来回多不方便哪！你走吧，孩子交给我，你放心！"那汉子感激不尽地站起来，向她连声道谢。临走时，他把一条满是破洞的烂毯子塞给女儿："我走了，你把铺盖拿好啊！"张桂梅看着那条像丝瓜筋一样的"毯子"，再也看不下去。她把女孩领到自己宿舍，从床下抽出一条自己的新毯子塞给她："你那毯子别要了，盖老师这床吧！"此时，她得知女孩名叫桑卓。

把桑卓送进宿舍后，她又转身去给她找了一床垫毯。等她再次返回时，发现桑卓已经把那条粉色的盖毯叠得整整齐齐，放在纸壳做的"褥子"上。看到张桂梅手中的垫毯，她红着脸说："老师，您不用给我了，我盖这个就可以了！"张桂梅把毯子硬塞给她，心情复杂地回到了办公室。

她找出那堆零钱，数了一个多小时才数清，一共有 30 多元钱。交学费肯定是不够的，她把那些零钱捆成一扎放在抽屉里，用自己的钱替桑卓交了学费。第二天，她再次到宿舍来找桑卓，发现她正把大米放进开水瓶里，灌点开水闷成"稀饭"吃。张桂梅惊讶地问："你一日三餐就吃这个？"桑卓点点头。张桂梅把她父亲送来的那些零钱全部换成了饭票塞给桑卓："拿着吧，这是你父亲送来的钱。"

桑卓后来被分在张桂梅班上，她学习非常刻苦，成绩也名列前茅。在与她渐渐熟悉后，张桂梅得知她家里很穷，那 30 多元钱是她父亲几乎半年的积蓄。既然如此，为什么还要送女儿上学呢？张桂梅疑惑。桑卓说："我阿爸说，就是因为穷才要读书，只有读书才能考学，以后才能有饱饭吃。"张桂梅惊呆了：这里的村民虽然讲不出"知识就是力量”的大道理，但在他们朴素的头脑里，读书比什么都重要。尽管他们穷得几乎只剩下了生命，但仍然顽强地让这生命燃烧得更旺些！与他们的顽强相比，自己只顾沉浸在个人感情的世界里，难道不是对生命的浪费吗？

类似的事情仍在发生：张桂梅班上一个叫木措的男生，个子非常小，但学习非常努力，性格也很活泼。但有几天，张桂梅发现这个小家伙不爱说话了。在她的反复询问下，班上另一个同学才说：“老师，他的爸爸病得快要死了。”一听这个消息，张桂梅惊得一下子坐在课桌上了，经历了生离死别的她，明白失去亲人的打击有多沉重。她赶紧催木措回家去见父亲一面，可他却哭着摇头说：“我阿爸托人带话给我，说不让我回去。他说马上就要中考了，回去会耽误我学习，反正我回不回去，他都是要死的。他还说……我是全家人的希望，一定要好好学习……”木措再也说不下去，趴在课桌上哭了起来。张桂梅的眼睛湿润了：她仿佛看见一个弥留之际的父亲对儿子深切期望的眼光。

这时，下课铃响了，张桂梅强忍眼泪对别的同学说：“同学们，你们出去玩吧，我陪木措待一会儿。”没有一个孩子出去，全班同学陪着木措哭了两个小时。张桂梅突然醒悟：一个行将就木的汉子，将自己的儿子托付给学校，托付给她，这是多么深重的责任，又是多么殷切的希望！作为老师，她该做的难道只有哭泣？她止住眼泪，紧紧搂住木措的肩膀："孩子，你放心，老师会陪着你走以后的路。"

从那以后，张桂梅发现自己的生活中除了悲伤，还有些更重要、更有意义的事值得去做。这片贫瘠土地上的人们，以他们的坚忍不拔、积极向上的精神彻底将她打动了。张桂梅充满敬意地发现：他们是一群有理想的人，而人生有了理想，就如同荒原有了火种，一切都会变得不同。张桂梅感到自己心底某个角落被照亮了，她的躯体不再感到彻骨的寒冷，一股热流慢慢涌遍她的全身。她暗下决心：坚守三尺讲台，用自己的余生帮助这些孩子们，守护并实现他们宝贵的梦想！

讲台上的张桂梅重新站起来了，她如同一只浴火重生的凤凰，涅槃之后充满了新的力量。她认真地备课、讲课，不断帮学生提高学习成绩。还把自己的衣服、被褥都翻出来，接济给那些缺乏生活必需品的学生。她还开始缩减自己的伙食费，贴补给那些正在长身体的孩子。

田瑞霞是一个来自永兴乡的小姑娘，本来成绩非常不错，但自从初二下学期以来，她上课时经常发呆，总是心事重重的样子，成绩也一落千丈。张桂梅向别的同学了解她的情况，这才得知，田瑞霞的父亲上半年去世了，她母亲一个人负担着全家七口人的生活，她多次要求辍学回家，帮母亲减轻生活负担，都被母亲骂回了学校。可是，坐在学校的课桌旁，她总是想起母亲那累得像弓一样弯的腰和满是皱纹的脸庞。因此，她再也无心听讲，无心上课，甚至希望自己因为成绩差而被学校开除……听了田瑞霞的话，张桂梅没有责怪她。她把女孩带到自己的办公室，拉着她的双手给她讲了自己的故事。讲完后她语重心长地说："瑞霞，人生最可怕的是失去了希望，老师是已经'死'过一次的人，我以自己的实际经历告诉你：你现在就是母亲的希望，正是为了她，你要好好学习，好好读书，这样才对得起她为你付出的那么多，你明白吗？"瑞霞眼里燃起两簇火苗，张桂梅知道，这个女孩的心结打开了。

除了对瑞霞进行心理上的辅导，张桂梅还对她进行了生活上切切实实的帮助。她承诺替她缴纳余下的学费，并从自己的工资中拿出一部分贴补她的伙食费，还把女孩身上那件又脏又旧的衣服换下来，让她穿上自己的干净衣服。张老师为自己所做的一切，让瑞霞感到无比温暖，那个天真活泼、勤奋学习的小姑娘又回来了，甩掉心理负担后，她的成绩像三级跳一般回升，甚至比以前还进步了一大截。瑞霞的“重生”，也让张桂梅心中充满了成就感，她感受到了生命存在的另一种意义。

死神相约：生命悬崖边的顿悟

重新定位生命的坐标后，张桂梅的每一天都充满了张力，她对每一课的教案都精心编写，力争用活泼生动的方式，把相对比较呆板的语文和政治课上得精彩翩然。同时，她还对自己所带班级的所有学生进行了摸底调查，根据学生不同的家庭情况进行分类扶助。同事们发现，张老师的脸上不再像刚来时那样布满愁云，现在的她虽然更瘦了，但是双眼却炯炯有神，整个人焕发着一种光彩。而学生们也惊喜地发现，张老师不但是他们的好老师，还是一个贴心的大朋友，是那样值得信任。初中的孩子正值青春期，各种心事不愿意对父母说，但他们都愿意同张桂梅分享。

从孤独中走出来的张桂梅，为孩子们付出了一片真心，同时也收获了丰厚的回报。看到她因为日夜操劳而黯淡的脸色，孩子们自发地给张桂梅带来了切得薄薄的黄瓜片，说是给她美容。虽然只是几片小小的黄瓜，张桂梅却从中体会到了孩子们对她的关心和热爱。

有一天天气很好，张桂梅别出心裁地把学生们带到校园旁边的草地上背课文。琅琅的书声回荡在春日的暖阳中，张桂梅用心聆听着，内心充满了喜悦。突然，一个孩子指着她身后叫了起来："老苏，老苏！"在云南话中，"老苏"就是蛇的意思，张桂梅回头一看，两条手腕粗的蛇一前一后地朝她游过来，那高高昂起的蛇头向她吐出鲜红的信子。显然，他们的到来打扰了蛇的宁静，这条蛇要向他们发动攻击了！离蛇最近的是张桂梅，从没经历过如此险境的她被吓得脸色苍白，空气仿佛也凝固了。说时迟，那时快。没有人指挥，也没经过商量，班上的三个男生一齐冲过来，两个孩子一人抓住一条蛇，使劲抡着往石头上摔，另一个孩子把张桂梅用力推开，用自己的身体挡住了她。蛇被摔死了，张桂梅也从惊魂未定中清醒过来，她抓住那几个男生，上上下下地查看他们有没有受伤，有没有被蛇咬到。那几个男生却笑着说："张老师，抓蛇对我们来说不算什么！"张桂梅看他们没有受伤，她才长长地出了一口气。回想起刚才几个孩子奋不顾身地冲上来救她，她的眼睛湿润了。

教这些学生越久，张桂梅越感到这些孩子身上的朴实和纯真是那样深切地打动和影响着自己。她十分感恩：她只对他们付出了一颗真心，而他们回报她的，却是几十、上百颗真心。对他们，她付出再多都觉得不够……

不知从何时起，张桂梅把自己每天的伙食标准压缩到了3元钱。每个月的工资一发下来，她只留下100元作生活费，其他的钱全部用于资助生活上有困难的学生。有一段时间，她发现班上有个叫彭水的男生连续迟到，同学们反映他爱睡懒觉，每天早上赖床，张桂梅便去宿舍亲自找他。到宿舍一看，彭水果然躺在床上一动不动，任凭她怎么叫就是不起来。张桂梅觉得奇怪：彭水平时挺听话的，这究竟是怎么了？站在他床前想了一会儿，张桂梅恍然大悟：彭水一定是没钱吃早饭了！她一问，果然如此。张桂梅飞速跑回自己宿舍，打开箱子找钱。可她失望地发现：她这个月的工资早就在学生们身上用光了，只剩下20元钱生活费。她想也没想，拿着那20元钱找到彭水："快，先把早餐吃了赶紧去上课！"彭水后来得知张桂梅因此吃了半个月的咸菜馒头，感动得泪如雨下。这个朴实的孩子找到张桂梅，哭着对她说："张老师，以后我有工作了，一定要好好地报答您！"张桂梅微笑着摸了摸他的头："傻孩子，老师帮你们不图回报。你们把心思全部用在学习上，绝不因为贫困而放弃学习，就是对老师最大的回报!”

张桂梅曾经很爱吃肉，到了每天无肉不欢的地步，丈夫曾戏称她为“肉食动物”。有一次丈夫给她买了一条三斤重的鱼，她一个人一口气全吃掉了。但现在为了从嘴里省下钱帮助学生，她不得不长期“克扣”自己，每天以青菜萝卜果腹，渐渐地竟然也不太爱吃肉了。她自嘲道：“从‘肉食动物’变成了‘素食动物’，不知在生物进化论上有没有相关的理论啊?”在生活上，她对自己节俭到了极致，不仅几年没买过新衣服，甚至一想到还有什么压缩开支的办法，她就要去尝试。

从18岁离开家，她一晃已经有30多年没回过家。她已经年过70的大姐病危，二姐给她打电话，说大姐很想见见她这个最小的妹妹。二姐哭着说：“桂梅，你回来看看大姐吧，她说只记得你走的时候还扎着两个小辫子，都不知道你现在长得什么样儿了!”大姐病重的消息让张桂梅心如刀绞，她何尝不想回去看望自己的亲人，可是，她到民族中学工作这几年，手上不但没有一分钱积蓄，就连以前的旧衣服也剩不下几件了，她怎么回去?她连张火车票也买不起啊！所以，面对二姐的请求，她只好沉默。姐妹连心，电话中长久的沉默让二姐猜到了她的状况，她马上说：“你不用担心，路费我给你邮过去，你赶紧回来看大姐吧，晚了就见不着了！”没几天，张桂梅就收到了姐姐汇来的 500 元钱。

可就在这时，她班上的一个学生因病住院了，却交不起住院费。张桂梅想也没想，就拿姐姐刚寄来的 500 元钱替学生交了住院费。做完这一切后，她才想起给二姐打电话。因为怕她责怪，张桂梅拿起电话噼里啪啦把情况全部说了一遍，然后不等姐姐回话，便心慌意乱地挂上了电话。姐姐再也没有打电话来，张桂梅却望着沉默的电话机大哭起来。

最终，她也没有见到大姐最后一面，她甚至不敢问，对于她“绝情”之举，家里人有什么样的看法。只是从那以后，家里同她的联系渐渐少了，张桂梅不怪姐姐生气，对家人的愧疚，她只能深深地埋在心底。她默默地对已经离世的大姐说：“姐，请你原谅妹妹，你们把我养大，我视姐姐如母亲，但自古忠孝不能两全，我要帮助这些贫困的孩子改变命运，就得舍出我个人的血和肉。相信姐姐在天有灵，也能理解我的苦心……”

就在张桂梅一门心思扑在学生身上，鼓起勇气冲击自己人生的另一个高度时，不幸再度降临了。1997 年 4 月，张桂梅的同事说她最近消瘦得特别厉害，脸色也发黑，她以为是自己营养不良所致，也没当回事。可又过了一段时间，她却发现自己的肚子越来越鼓，腹部胀痛得难受，而且经常头晕乏力。她意识到情况不太对，赶紧去医院检查，没想到检查结果让医生都吓了一跳："你咋现在才来呢？你子宫里长了个肿瘤，已经像五个月的娃娃那么大了，必须马上手术！"

听到这个诊断结果，张桂梅眼前一黑，她想起母亲就是因子宫癌而去世的，自己难道要步她的后尘吗？一阵悲怆涌上心头，她在心中狂喊："老天！你为什么要对我这么不公平？我幼年丧母，少年丧父，中年丧夫，在我最想死的时候你偏不给我机会，可在我重新找到了人生的航向，开始重新起航时，你却生生折断了我的桅杆！老天你瞎了眼！"可无论她怎么哭，怎么骂，命运仍然无情地向她再次展示了残酷的一面。

这时，张桂梅想起了她还带着四个毕业班的课，孩子们马上就要中考了，这可是决定他们人生方向的关键一步，她怎能缺席？她央求医生："等我的学生们参加完中考，我再来做手术，行吗？"可医生却冷静地告诉她："尽快手术才能避免病情恶化，否则后果不堪设想！"

张桂梅默默地把诊断书折好揣在口袋里，慢慢走回宿舍。就在这段路上，一个决定已经在她头脑中形成。

回到学校后，张桂梅就像什么事也没有发生一样，照常上课、照常与学生们谈笑风生、照常帮他们复印一摞又一摞的学习资料……可没人知道，每个夜晚剧烈的腹痛折磨着她，肚子里仿佛揣了一块硬石头，让她满头大汗、痛不欲生。一到天亮，她又强撑着站在讲台上。为了不让别人看出她有病，她特意穿上宽大的外衣，遮住越来越鼓胀的腹部。

一天、两天……每当疼痛袭来，张桂梅就告诉自己："再忍忍，等孩子们考完，就去做手术。"可是疼痛发作的周期越来越短，她的忍耐周期也变成了一小时、两小时……实在痛得受不了时，她就对自己说："对不住你了，张桂梅，谁让你干上了这份世界上最神圣的工作呢？谁让你心里装着几百个孩子的命运呢？如果你真的倒在了讲台上，这辈子也无怨无悔，因为你已经尽力了！"

在内心这股强大动力的支撑下，张桂梅竟然真的撑到了学生们参加中考的那一天。她一直守在考场外，直到最后一门考试结束。随着铃声敲响，孩子们兴高采烈地走出来，叽叽喳喳地向她汇报考试的情况。得知孩子们考得还不错时，她长长地出了一口气。

等所有的学生都离开了学校，她向朋友借了几千元钱，坐上夜班车，独自来到昆明一家医院做了肿瘤切除手术。医生告诉她，因为时间拖得太久，她的手术效果并不理想。拿出来的肿瘤果然有五个月胎儿那么大，而且由于肿瘤的压迫，造成了严重的肠粘连，这就是她为什么经常腹胀腹痛的原因。医生叮嘱她一定要住院观察，卧床休息一个月后才能活动。

可是，仅仅在医院住了六天，张桂梅就急着想回学校。学生们的中考成绩马上就要出来了，有的孩子考上了，有的要复读，有的也许要去读职高，她得替他们考虑周到。她不顾医生的劝阻，硬是办理了出院手续。看着她倔强的样子，医生无可奈何地摇摇头说："你是我见过的最负责任的老师！"

张桂梅回到学校后，她生病住院的消息也不胫而走。校长找到她，不无担心地说："张老师，你这是在拿自己的生命开玩笑啊！下个学期你不要代课了，好好休息一下吧。"张桂梅却婉言谢绝了校长的好意，她诚恳地说："我本来是一个要死的人，是学生们给了我活下去的勇气和信心，对他们我怀有感恩之心，您就让我用生命报答他们吧!”校长默然了：这个看上去平凡普通的女教师，身上却闪耀着令人仰视的崇高光辉。在她面前，一切空话都黯然失色。

在张桂梅的坚持下，第二个学期她仍然带了四个毕业班。可这次她的身体不再原谅她了，开学后不久，她的肿瘤和肠粘连同时复发，她终于倒在了讲台上。

她的病情震动了整个学校，同事们和她教过的学生们得知她不但没钱治病，还因为上次的手术而欠下几千元外债时，都为她流泪了，师生们纷纷为她捐款治病。她的病也惊动了华坪县委，县委书记得知后，派教育局唯一的一辆车把张桂梅送到了医院。县委书记和县长握着她的手说：“张老师，感谢你为我们华坪的孩子所作出的努力，我们虽然是个穷县，但我们再穷也要把你的病治好，我们不能没有你，孩子们不能没有你!”

张桂梅住院期间，她教过的学生们自发地分成几班，24小时轮流照看她。看着守在床边的孩子们，身体虚弱的张桂梅跟他们开起了玩笑：“以前是我守着你们睡觉，现在你们守着我睡觉了。”学生们对她说：“老师，你千万要挺住，我们以后要上大学、考研究生，你一定要看到那一天。”张桂梅轻轻地点了点头，欣慰的笑容在她苍白的脸上浮现，她闭上眼睛，放心地沉沉睡去。

这一次手术后，张桂梅仍然没有听从医生“至少调养半年才能工作”的叮嘱，仅仅在医院住了24天就出院了。出院后，她仍然顽强地战斗在教学第一线，个人生死在她心中已然置之度外。

不久后，县政协召开了一场全体大会，并邀请张桂梅作报告。当听说她的事迹后，全体县政协委员起立，向这位了不起的人民教师三鞠躬，感谢她对山区教育的贡献和支持。到场的20多位政协委员，当场为她捐献了六千多元钱。他们捧着这些钱动情地对张桂梅说：“我们绝不能捧着骨灰盒来宣传您，我们一定要让你感受到人间的快乐，我们就是你的亲人！”

此时此刻，张桂梅说得最多的两个字，仍然是“感恩”。

我骄傲：我是一百个孤儿的妈妈

孤儿教育是目前未成年人教育最大难题。因为从小失去母爱与父爱，这些孩子的性格会变得孤僻、偏激、自闭或歇斯底里，甚至有可能染上恶习。形成这个特殊群体的原因多种多样：父母离异，父母监禁或父母双亡等，总之都是问题家庭或无家可归的问题儿童。这些孩子长大后，或许就会成为社会中最不稳定的因素。因此，华坪县委和县政府十分重视孤儿收容和教养问题。2001 年初，县里准备成立一所孤儿院。但由谁来负责管理，成了令县领导挠头的事。这时，有人向领导推荐了张桂梅。她是一名坚定的优秀共产党员，对孩子也充满爱心，由她来负责孤儿院的管理再合适不过。但她同时负担着民族中学几个毕业班的教学工作，此时让她来出任孤儿院的院长，她会同意吗？

县领导抱着试试看的心理找到张桂梅，谈了孤儿院的事情。没想到，她竟然一口答应："我的学生都是山里的穷孩子，孤儿的命运比他们更可怜，能为这些孩子尽点力，我没话说！"更令人惊讶的是，她并不打算放弃民族中学的工作，而是将两份工作一起做，她还提出，当孤儿院的院长是义务劳动，不领一分钱工资！她的慷慨应允，令县领导既喜出望外又愧疚不已："张老师，你已经够累了，又要给你增加负担，请你一定注意身体。"张桂梅的心思显然已经在考虑孤儿院的筹备和运转了，她甩了甩齐耳的短发，坚定地说："请领导相信我，我一定能完成任务！"

接下"军令状"后，张桂梅很快进入角色，利用学校课余时间开始积极地筹办孤儿院。在她的高效工作下，2001 年 3 月，孤儿院正式成立了。但细心的张桂梅考虑到孩子们的感受，硬是不同意用“孤儿院”三个字，而是把名字改成了“儿童之家”。她说，她最大的理想就是让孩子们忘掉“孤儿”身份，把这里当成自己的家，在这里找到温暖和快乐。

“儿童之家”的成立仿佛及时雨，建院第一天就收到了 36 个孤儿，这些孩子从两岁到 12 岁，有的是弃婴，有的来自被寄养的家庭，有的来自收容所，有的流浪街头。刚来时，这些孩子卫生习惯都很差，乱蓬蓬的头上满是虱子，有卫生间却不会上，把大小便都拉在院子里。小一点的孩子不停地哇哇大哭，屎尿都拉在床上、裤子上。整个院子里充斥着哭声和粪便的臭味，令人掩鼻而行。

面对这种乱象，有的老师灰心丧气：“想把这些野孩子调教过来，真比登天还难。”但大家很快发现张桂梅不见了，她在哪儿呢？人们找了半天，才发现她把孩子们被屎尿弄脏的裤子换下来，正在水龙头下冲洗。阵阵臭味熏得她一阵阵干呕，但她手脚却没有丝毫停顿。看到院长亲自带头，老师们不好意思了，大家纷纷走过去，与她一起洗了起来。那天中午，尽管食堂做了不错的饭菜，但张桂梅和所有老师一口也吃不下。

晚上，张桂梅和老师们一起给刚进来的这群孩子洗澡，可很多孩子根本就不习惯洗澡这件事，捂着衣服硬是不让脱。有一个男孩的反应最强烈，老师劝说了半天，他不但躲到墙角，还开口用脏话骂老师！张桂梅也没想到这群野马似的孩子如此让人头痛，但‘儿童之家’刚开始运行，作为负责人，她自己必须稳住。晚上给孩子们勉强洗完澡，让他们睡下之后，张桂梅召集全体工作人员开了个会，她说："今天跟打仗似地忙了一天，大家都辛苦了。可能有的同志觉得教育这些孩子很困难，其实我也有同感。但是，我们能不能放弃呢？答案是：不能！这件事既然已经开了头，再难我们也得继续走下去。这些孩子确实比一般的孩子难教育，但正因为如此，我们才要为他们付出更多的爱心和耐心。他们本来就够不幸了，失去父母，流落社会，如果‘儿童之家’再不能给他们一点温暖的话，对这些幼小的生命太不公平。……"她的话让老师们若有所思。经过讨论，大家统一了思想，那就是"打不还手，骂不还口"，用十倍的信心，百倍的耐心来爱这些孩子。

因为"儿童之家"的孩子来自不同的背景，有的孩子常年与年迈的爷爷奶奶生活在一起，头脑中有很多封建迷信思想。有一天晚上，张桂梅刚刚睡下，就听到学生宿舍那边闹哄哄地，有人喊着“有鬼啊！”“闹鬼了！”还夹杂着小孩的尖叫，似乎发生了什么大事。她心里一惊，赶紧披衣起床。

她把门推开时，一股难闻的呕吐物的气味，冲得她几乎一个踉跄。再定睛一看，八岁的白族男孩刘凯趴在床边，宿舍里其他的孩子都惊恐地躲在一边。另一个男孩吉刚指着他说：“他妈妈来找他了！”张桂梅被弄糊涂了，她把吉刚拉到一边，问他是怎么回事。吉刚神秘地说：“他妈妈来找他了！因为他妈妈就是这么死的！”张桂梅哭笑不得，她一把抱起床上的刘凯，用衣服把他的身体裹好，准备送去医院。刚要走出门，她像又想起了什么。她对向她“告密”的吉刚说：“来，你跟我一起送他去医院。”

在医院里，医生经过检查后说：“没什么事，就是吃多了，吐出来就好了。”说完，他给刘凯开了些助消化的药，张桂梅就带着孩子回去了。在回去的路上，吉刚一直不出声。张桂梅没有批评他，她知道这个孩子已经懂了，世界上根本没有鬼。从那以后，“儿童之家”再也没发生过“闹鬼”的事。

由于“儿童之家”事务繁杂，张桂梅干脆把家搬到了这里，与孩子们吃住在一起。周末没课的时候，张桂梅能与孩子们待一整天。她陪着孩子们吃完早饭后，就领他们到院子里做游戏；给他们讲好听的童话故事；教他们认字、学算术……儿童的天性渐渐被激发出来了，孩子们对老师不再抵触，他们发现："儿童之家"真是个好地方，老师们是真心对他们好！这里的笑语、歌声渐渐多了起来，挂在墙上的"儿童之家"几个大字看上去是那么的温馨。

古丽平和古丽燕是两个极其不幸的孩子。他们的家在华坪县新庄乡边凹村石菩萨小组，离华坪县城 30 公里。2002 年的半年时间内，他们的父母相继去世。那一年古丽平 9 岁，古丽燕才 7 岁。事情发生后，他们的亲戚和当地民政部门一直为孩子的去处发愁。张桂梅得知后，领走了兄妹俩。

起初，这对小兄妹一直紧紧地抱在一起，惊恐地看着"儿童之家"的老师们。但他们毕竟男女有别，上厕所、洗澡都要分开。古丽燕像小猴一样趴在哥哥身上大哭大叫："我不要和我哥哥分开！"张桂梅知道，这是因为失去双亲后，孩子们产生了严重的不安全感，他们觉得只有互相依靠才最安全。她为这两个孩子的不幸而难过，便来到他们身边，柔声说："丽燕，老师不是要把你和哥哥分开，而是要带你们去洗澡。只过一会儿，你们就又可以见面了。洗得白白的、香香的，就去吃饭，好吗？你要不相信，就跟老师拉个勾？”古丽燕怯生生地伸出手，与张桂梅拉了勾。

洗完澡，两个孩子又见面了，他俩看着对方湿漉漉的头发，都笑了。

很快，兄妹俩完全适应了“儿童之家”的生活，并且爱上了这个重新给他们安全感的地方。当他们的亲戚去看望两个小家伙时，古丽平吹起轻快的短笛，妹妹古丽燕随着笛声忘情地“打跳”。他们的床上铺着厚实整洁的被褥，两个孩子身上都香喷喷的，没有一丝异味。孩子们生活得如此幸福，亲戚放心地离开了。

“为孩子们提供尽量好的物质生活，他们的生活就会更幸福。”在管理“儿童之家”之初，张桂梅一直是这样想的。可是，孤儿“小萝卜头”却改变了她的这一观念。

那是2007年，“儿童之家”收养了一个一岁的孤儿，小家伙长得特别瘦，大大的脑袋、细细的身子，大伙就叫他“小萝卜头”。看到他的第一眼，张桂梅心里就涌起一阵怜爱。“小萝卜头”的父母都去世了，他虽然只有一岁，但心里已经留有母亲的印象，因此刚到“儿童之家”时，天天哭着要妈妈。张桂梅看他年纪太小，怕他无法适应集体看护，便把他带在身边。白天，她把“小萝卜头”背在背上、抱在怀里，晚上让他跟自己睡觉。她想用这种方式弥补小家伙失去的母爱，但奇怪的是，不管她怎么做，“小萝卜头”始终对她亲近不起来。晚上睡觉的时候，小家伙就面朝墙壁，双手双脚紧紧地贴住墙，活像一只小壁虎。这让张桂梅心中不由得有些失落。

有一天，她正在换衣服，“小壁虎”突然飞快地爬过来，抱着她喊“妈妈”！张桂梅激动极了，她把“小萝卜头”紧紧抱在怀里，轻声哄着“妈妈在这里，别怕……”“小萝卜头”在她怀里安静地睡着了，梦中甚至发出了甜甜的笑声。晚上，张桂梅翻来覆去睡不着，想不明白为什么小家伙今天会叫她“妈妈”。想了好久，她才恍然大悟。原来，因为“儿童之家”事务繁杂，晚上随时会有事情找她，她一般睡觉都是和衣而卧。但孩子们需要的不仅仅是一个提供食宿的地方，他们更需要的是一个有爱的体温、有血有肉的“母亲”啊！望着身旁熟睡的“小萝卜头”，张桂梅第一次感到盈盈的母爱泛滥全身。

从那以后，她从自己做起，并要求“儿童之家”的所有老师都要做到：经常与孩子们有皮肤接触，摸摸他们的脸、拍拍他们的头，与他们拥抱，跟他们脸贴脸……在这样的氛围下，“儿童之家”变成了一个真正的“家”，孩子们的性格也变得更加阳光开朗了。

“儿童之家”成立以来，花费过百万，但只有7万元来自慈善机构，其余的缺口就要靠张桂梅这个义务院长想办法自筹。为了不让孩子们生活上受委屈，“万事不求人”的她，开始“厚着脸皮”四处募捐。

但是，伸手朝人要钱并不是件容易的事。朋友们信任张桂梅的为人，敬佩她从事的造福子孙的公益事业，但他们的经济能力也有限，张桂梅面临资金的缺口无法弥补。在现实的逼迫下，她不得不带着孩子们上街“乞讨”。

她拿着孩子们手工做的洋娃娃、布鞋等小物件走上街头，孩子们向路人求助：“叔叔孃孃，我们要上学，要吃饭，帮帮我们吧！”张桂梅也说：“同志，我们是‘儿童之家’的老师和学生，请帮帮这些孩子吧！”很多路人能理解，并伸出援助之手，但也有些人不相信，冷嘲热讽扑面而来：“女骗子！这么大年纪了还出来骗人！”还有人朝她脸上吐口水。这一切，让张桂梅感到屈辱又无奈。没有人知道，这个头发花白站在街头向路人乞求的女人，是国务院授予的“全国先进工作者”，是“全国师德标兵”，是中国“十大女杰”啊！但不论受到什么样的冷遇，张桂梅始终没有退缩。“乞讨很丢人，但‘儿童之家’的孩子如果生活得不好，我这个义务院长更丢人。”这就是张桂梅内心的真实想法。

在华坪县“乞讨”了一段时间后，她又独自转战昆明。她不停地向路人宣传“儿童之家”的事迹，争取社会的帮助。累了就在路边歇一会儿，渴了就讨口水喝，饿了就啃几口干粮，2003 年至 2007 年的寒暑假，张桂梅在昆明“乞讨”到两万多元。

在张桂梅的感召下，一些好心人纷纷向“儿童之家”伸出了援助之手。华坪县政府和一家企业投资 200 余万元，新建了一所“儿童之家”，能满足 100 余名儿童的生活。2007 年，“儿童之家”还获得了政府的低保，每个孩子每月有 60 元补助。虽然资金仍有短缺，但张桂梅相信，在各界的支持下，“儿童之家”一定会越来越好！

2007 年 10 月，张桂梅光荣地参加了党的十七大。去北京开会前，孩子们唱起了“献给阿妈的歌”：遥望夜空的明月/想起了久别的故乡，漂泊异乡的游子/牵念着妈妈。明月啊明月/请你等等/请你等等我，我要把思念捎给你/送给我的妈妈。”

梦想之火在燃烧：山区女孩的“重生”之路

在民族中学教书和管理“儿童之家”时，张桂梅经常能听到、看到山里孩子们一个又一个的不幸遭遇。她发现，在每一个孤儿背后，都有一个悲惨的母亲。如果说在这座贫困的大山深处，人们的命运是不幸的，那么山里的女孩、女人们则是不幸中的不幸。为了生活，她们付出的远远比男人多得多，然而因为没有文化、没有知识，她们本身难以逃脱愚昧，反过来又往往被愚昧所害。

“儿童之家”有一个孩子，父母几乎同一天死亡。而“故事”的真相令人心惊胆战：孩子的母亲因为没文化，因一点小事情想不通，就喝农药自杀了。见妻子自杀，丈夫也拿一把柴刀寻了短见。他们几乎不加考虑地撒手西去，没人告诉他们生命有多可贵，他们也无从知道什么叫生命的责任、生命的长度和厚度。而他们的孩子因此所遭受的心灵创伤，恐怕终生都难以愈合。

张桂梅曾经资助过一个女生，非常聪明也非常懂事。可她家里一贫如洗，在张桂梅的帮助下，她以优异的成绩读到了高中毕业。然而就在即将考大学的前夕，女孩突然消失了。她给张桂梅留下了一封信："张老师，我对不起您。您费尽心血把我培养到了这一步，然而因为我是女孩，家里不愿意让我继续读书，我感到无法面对您！再见了，张老师……"整整四年过去，这个女孩杳无音讯。每当想起她，张桂梅心里就一阵阵揪痛。在农村，女孩读书是件"奢侈"的事情，哪怕是优秀的女生，也随时可能因为家庭的原因而辍学结婚、生子。她们改变命运的梦想很难实现。

更让张桂梅难忘的，还有她认识的一对小夫妻。妻子年轻漂亮，丈夫英俊能干，两口子感情很好。结婚不久后，妻子怀孕了，那个小丈夫高兴得跟什么似的。可是怀胎十月分娩时，悲剧发生了：因为农村的风俗，妻子没有去医院生产，而是在家里请接生婆接生。由于难产，她发生了大出血。当她意识到自己快要不行了时，求婆婆让她见丈夫一面。但婆婆却认为男人见了血光很晦气，坚持不让儿子见她。就这样，这位年轻的妻子带着遗憾死去了，肚子里的孩子也没能活下来。那个年轻的丈夫气疯了，一夜之间失去了妻子和孩子，他内心悲苦难言，在犁田的时候一头倒在了田里，再也没能起来。

知道这件事后，张桂梅心里就像搁了一块石头，沉甸甸地压得她难受。她同情那个殉情而死的小丈夫，同情那个至死也没能见到丈夫一面的小妻子，但是那位用“愚昧”害死了媳妇和儿子的婆婆，不也同样是“愚昧”的受害者吗？

一个个悲剧，让张桂梅的内心再也无法平静，尽管她已经是民族中学的优秀教师，也是“儿童之家”称职的院长，可心里仍有些东西让她怎么也放不下。在张桂梅看来，偏远贫困地区的落后，最主要的原因是教育的落后，而教育的落后又集中体现在女童受教育程度低。在华坪县，乡村贫困女孩上高中的很少，她们大多数不能继续接受教育，所以形成了“低素质女孩—低素质母亲—低素质下一代”的恶性循环。要解决偏远山区的贫困问题，必须提高妇女素质。但是，这是一个多大的命题啊！从哪里入手，如何入手？张桂梅一直思考着这个问题。

2007 年 10 月，张桂梅在人民大会堂聆听十七大报告，当听到胡锦涛主席提到“教育是民族振兴的基石，教育公平是社会公平的重要基础”时，她的心里豁然开朗！原来，她的思路是与主席的高瞻远瞩竟然不谋而合！会后，当张桂梅接受记者采访时，把自己连日来萦绕于心，却没有对任何人说过的一个大胆想法说了出来：“我想办一所免费的女子高中，让山里的女孩能接受继续教育。只有培养出高素质的母亲，才能培育出高素质的后代！”

从北京回来后，张桂梅开始穿街走巷四处募捐。她大胆的想法得到云南省委和丽江市委领导的重视，但建一所学校不是一蹴而就之事，方方面面的细节都需要有人一点一点地跑透，尤其是资金还有很大缺口。困难，就像一座珠穆朗玛峰，而张桂梅只是山脚下的一株小草。可是，哪怕只是小草，张桂梅也要试着将大山踩在脚下！她心无旁骛，再次出征。“一定要改变山区女孩悲惨的命运！”抱着这样的信念，她哪怕跑断了腿，磨破了嘴也心甘情愿。

然而就在这时，她再次接到二姐从哈尔滨打来的电话，她的哥哥病危，希望能见她最后一面。数年前的情景仿佛再现，失去大姐后的心痛仿佛还在心头盘旋。张桂梅的眼泪唰的就下来了：父亲走得早，她在哥哥的背上滚大。哥哥走到哪儿都带着她，给她买小糖人儿，逗她玩，邻居们都开玩笑说她是哥哥的“小尾巴”。长大成人、各奔东西之后，少言寡语的哥哥很少给她写信、打电话，但她知道，哥哥的心始终在牵挂着她。因为每次三姐回老家，总会捎来哥哥为她买的礼物：一袋她爱吃的酸枣干，或是一袋他精心挑选的黑木耳。每当收到哥哥的礼物，她总是泪流满面。她在电话中对二姐说：“我回去！我一定回去！”二姐把电话放在哥哥的耳边。他听到她的声音后，含糊不清地说了句什么。二姐说："哥说，他好想你，想再给你梳一次小辫。"张桂梅在电话中泣不成声，哥哥不知道，她最疼爱的这个小妹早就不梳小辫了……

就在张桂梅准备启程回老家时，北京一家电视台邀请她去做一台节目。编导明确告诉她："我们这次也请到了一些知名的企业家，能不能拉到赞助，就看你的了。"这可是大好的机会，张桂梅舍不得放弃。可哥哥怎么办？她想来想去，只好给家里打电话说，她先去北京做节目，等节目一结束，她就马上赶往东北。"反正北京离咱家近，我不会耽误的。"张桂梅向二姐承诺，二姐无可奈何地答应了。她千叮咛万嘱咐，哥哥的状态不大好，让她一做完节目就赶紧回家。

可到了北京，事情却发生了新的变化。编导说，有两位嘉宾临时有事，得推迟几天上节目。但具体什么时候来也说不准，快的话说不定下午就回来了，要是慢，没准得等一个星期。怎么办？回家还是守在北京？张桂梅左思右想，决定抓住这个来之不易的机会。她赶紧给二姐打电话，说了电视台这边的情况。她嗫嚅着说："姐，我们拉到点赞助可不容易，等我把节目做完了……"二姐愠怒地打断她的话：“你的意思咱哥还得等着你啊？行了，你爱回不回吧！真没见过像你这样无情无义的人！”

挂上电话，张桂梅的心中无比悲凉。在她人生的每一个重要节点，老天爷似乎总在同她作对，而每一次她总能从它的魔爪下逃出。这究竟是幸还是不幸？张桂梅说不清。或许人生就是这样，得与失之间并没有明确的界限。她默默地对自己说：“张桂梅，虽然你舍出了自己，舍下了亲人，可是这个世代贫穷的山沟沟却有那么多孩子能在你的帮助下走出大山，这难道不是最大的幸福吗？”她双手合十，向着远方家乡的方向低头默祷：“哥哥，请你慢些走，一定等到小妹见你最后一面！”

两天后，节目终于如愿录制了。张桂梅诚恳地把山区的现状和面临的困难，以及山区孩子的希望说了出来，那几位参加节目的企业负责人十分感动，纷纷表示要给张桂梅提供帮助。对她提出的建立免费女子高中，打造“高素质母亲”的理念更是表现出极大的兴趣。几位嘉宾慷慨解囊，其中一位企业老总更是答应赞助 100 万元！

张桂梅又激动又兴奋，节目结束后，她就赶紧登上了开往牡丹江的列车。可当她回到家，得到的却是哥哥已经被火化的消息！她听到这一消息后，失声痛哭。事后，有些人对她的行为发出质疑："一个对亲人都如此无情的人，能真心爱孩子，爱教育事业吗？"听到这些负面的议论，张桂梅沉默良久后回应："人世间的爱有两种：小爱和大爱。我们与亲人间的爱虽血浓于水，但它是小爱；我与山里的孩子没有一丝一毫的血缘关系，但我对他们的爱是大爱。没有小爱的人无法成就大爱，但有时为了大爱必须牺牲小爱。这其中的滋味，只有亲身经历过的人才会明白。"

苍天不负有心人。在云南省委、丽江市委的支持下，在各方慈善界、爱心人士的帮助下，一座建筑面积1822平方米，可容纳600名学生的综合教学楼拔地而起。2008年9月，华坪女子高级中学正式开学了，首批来自华坪、永胜、宁蒗等3个县的100名贫困女生走进了女子高中的校园。学生家长们感动地说："共产党真好，当今的政府真好，还真的有这么一所不要钱的高中！"张桂梅听到这些话后，则激动得大哭了一场："真的很感谢各级组织和领导，帮我实现了这一夙愿，给了教育一个公平。"

在这所全免费的女子高中，张桂梅一直与学生同吃同住。她每天工作时间达到16个小时以上。为了更好地对学生实施感恩教育，掌握学校几百名学生的来历家底，她拖着病体，坚持走访了200名学生家庭，行程6000多里，中途病倒两次，可她拔掉针头接着踏上家访路。

如今，从女子高中走出的女孩们有的已经就业，有的已经在读大学。张桂梅不久前寻访了一个从女子高中毕业的彝族女孩。这个女孩家里以前是村里有名的贫困户，但自从送女儿上了高中后，女儿的眼界开阔了，给阿爸出了不少好主意。近年来，她的阿爸承包了乡里的鱼塘，家里的日子越过越好了。张桂梅看到，她家修起了两间崭新的瓦房，屋里屋外铺了水泥地，电视机、新沙发一应俱全，连灶台都镶上了瓷砖。她的阿爸感激地对张桂梅说："张老师，要不是你供我的女儿上学，我们家做梦也过不上现在这样的好日子啊！"张桂梅心里一热：帮助一个学生，扶起的就是一个家啊！

从这位学生家出来后，张桂梅走在回校的小路上。迎着清新的风，眺望着叠嶂的山峦，她感到无比欣慰。现在她最大的愿望，就是在退休前，把女子高中的围墙建起来，让学生安安心心地坐在教室里读书；希望有一位称心如意的校长接自己的班，把女子高中建得更好；也希望自己能多活几年，看到女子高中一天比一天好，看到所有山区的孩子都越来越好！